自治体広報は
プロモーションの時代から
コミュニケーションの時代へ

マーケティングの視点が
自治体の行政広報を変える

鈴木勇紀

公人の友社

目　次

まえがき……………………………………………………………………8

序　章 ……………………………………………………………………11

第1節　はじめに ……………………………………………………12
- 1-1　自治体経営と行政広報 ………………………………………12
- 1-2　自治体経営へのマーケティングの導入 ……………………13

第2節　行政広報における先行研究について ……………………17
- 2-1　行政広報研究の概要 …………………………………………17
- 2-2　行政広報研究の発祥 …………………………………………18
- 2-3　啓蒙型行政広報の時代 ………………………………………21
- 2-4　対話型行政広報の時代 ………………………………………22
- 2-5　観光型行政広報の時代 ………………………………………25
- 2-6　誘導型行政広報の時代 ………………………………………26
- 2-7　都市間競争型行政広報の時代 ………………………………27

第1章　自治体における行政広報活動 ………………………………31

第1節　自治体における行政広報活動の歴史 ……………………32
- 1-1　広義としての行政広報の発祥 ………………………………32
- 1-2　行政広報活動の模索の時代 …………………………………34
- 1-3　行政広報活動の基礎自治体への広がり ……………………37
- 1-4　民間広報の始まりと新たな行政広報活動の時代 …………39
- 1-5　自治体外向け行政広報活動の時代 …………………………42

目　次

　　1-6　観光型行政広報活動の時代から
　　　　　　　　　　　シティプロモーションの時代へ……………46
　　1-7　インターネット時代の行政広報活動 ……………………46
　　1-8　都市間競争時代の行政広報活動 ………………………50
　第2節　自治体視点による行政広報活動の現状 ………52
　　2-1　自治体視点による行政広報活動の現状 ………………52
　　2-2　自治体視点による行政広報活動のターゲットと戦略 …54
　　2-3　自治体視点による行政広報活動の課題 ………………55
　第3節　住民視点による自治体の行政広報活動の現状 …66
　　3-1　住民視点による行政広報活動の現状 …………………66
　　3-2　住民視点による行政広報メディアの現状と課題 ………67
　　3-3　住民視点による自治体の行政広報活動の課題 ………69
　第4節　自治体の組織内広報の現状 ……………………73
　　4-1　自治体における組織内広報の役割 ………………………73
　　4-2　自治体における組織内広報の現状 ………………………75
　　4-3　自治体の組織内広報の課題解決への提言 ………………76
　　4-4　自治体の一般広報と個別広報の統合 ……………………77
　第5節　自治体における行政広報活動の課題解決に向けて ……80
　　5-1　自治体における行政広報活動の課題 ……………………80
　　5-2　マーケティング視点による自治体の行政広報活動 ……81

第2章　非営利組織におけるマーケティング活動 ………85

　第1節　非営利組織のマーケティングとは ………………86
　　1-1　マーケティングの概要 ………………………………………86
　　1-2　マーケティングの非営利組織への適応 ……………………87
　第2節　マーケティングの歴史 ……………………………90
　　2-1　マーケティングの成り立ち …………………………………90

2-2　製品志向時代のマーケティング ……………………………90
　2-3　販売志向時代のマーケティング ……………………………91
　2-4　顧客志向時代のマーケティング ……………………………93
　2-5　進化を続けるマーケティング ………………………………94
　2-6　非営利組織におけるマーケティング ………………………94
第3節　自治体におけるマーケティング活動 ………………………97
　3-1　日本における自治体マーケティング ………………………97
　3-2　自治体におけるマーケティングの課題 ……………………98
　3-3　自治体におけるマーケティングの活用 …………………100
　3-4　自治体の4P（マーケティングミックス）分析 …………101
第4節　自治体におけるプロモーション活動 ……………………107
　4-1　自治体における行政広報の役割 …………………………107
　4-2　自治体における広報活動と広告活動 ……………………108
　4-3　行政広報から
　　　　統合型行政広報（シティコミュニケーション）へ………110
　4-4　シティコミュニケーションにおける内部広報（インターナル
　　　　コミュニケーション）と外部広報（エクスターナルコミュニ
　　　　ケーション） ……………………………………………111

第3章　"広義の行政広報"から
　　　　"統合型行政広報（シティコミュニケーション）"へ …113

第1節　統合型行政広報（シティコミュニケーション）とは ………114
　1-1　自治体のプロモーション活動 ………………………………114
　1-2　プロモーション活動からコミュニケーション活動へ ……115
　1-3　内部広報（インターナルコミュニケーション）と
　　　　外部広報（エクスターナルコミュニケーション）活動…117
第2節　自治体のシティプロモーション（セールス）の現状 ………123

目　次

 2-1　自治体がシティプロモーション（セールス）を実施する理由 123
 2-2　シティプロモーション（コミュニケーション）を
        推進する組織体制…………124
第3節　自治体における
    シティプロモーション（セールス）戦略の比較……128
 3-1　各市のシティプロモーション（セールス）戦略の概要 …128
 3-2　シティプロモーション（セールス）戦略の目的 …………130
 3-3　シティプロモーション（セールス）戦略の今後 …………132

第4章　自治体における広報・広告活動の事例と
       その比較について……135

第1節　シティプロモーション実施自治体とそれ以外の自治体の比較
    ～千葉県流山市を例に～………136
 1-1　千葉県流山市の概要 …………………………………………136
 1-2　千葉県流山市のマーケティング戦略 ………………………137
 1-3　千葉県流山市のマーケティング効果 ………………………140
第2節　シティプロモーション実施自治体同士の比較
    ～静岡県浜松市と静岡市を例に～………143
 2-1　自治体の外部広報（エクスターナルコミュニケーション）活動
   の比較 …………………………………………………………143
 2-2　静岡県浜松市のシティプロモーションの実施概要と結果 …143
 2-3　静岡県浜松市のシティプロモーション活動の検証 ………145
 2-4　シティプロモーションにおけるゆるキャラの役割 ………147
 2-5　静岡県静岡市のシティセールスの実施概要と結果 ………151
 2-6　静岡県静岡市のシティセールス活動の検証 ………………155
 2-7　静岡県浜松市と静岡市の結果比較 …………………………159

2-8　静岡県浜松市と静岡市の実施活動の比較 …………………161
　第3節　住民向けシティセールス実施自治体
　　　　　～神奈川県川崎市を例に～…………165
　　3-1　神奈川県川崎市のシティセールスの概要 …………………165
　　3-2　神奈川県川崎市のシティセールス戦略 ……………………167
　　3-3　住民を対象とした内部広報（インターナルコミュニケーション）
　　　　 活動 ……………………………………………………………169
　　3-4　神奈川県川崎市のシティセールスの効果 …………………176
　　3-5　神奈川県川崎市のシティセールス活動の検証 ……………180

第5章　今後の自治体の行政広報のあり方 ……………181

　第1節　自治体におけるプロモーション活動の成功要因 ………182
　　1-1　これまでの自治体のプロモーション活動の成果 …………182
　　1-2　自治体のプロモーションを成功に導く要素 ………………183
　　1-3　自治体がプロモーション活動を実施する目的 ……………186
　　1-4　プロモーション戦略の構築 …………………………………188
　第2節　自治体の統合型行政広報活動（シティコミュニケーション）
　　　　　への示唆…………192
　　2-1　シティコミュニケーションの意義 …………………………192
　　2-2　シティコミュニケーションを成功に導くために …………195

結びにかえて……………………………………………………………199

参考文献一覧……………………………………………………………202
あとがき…………………………………………………………………205

まえがき

　本書は筆者の博士論文「自治体における行政広報活動についての研究～マーケティング視点による統合型行政広報（シティコミュニケーション）への深化～」をベースに再構成を行ったものであり、研究論文をベースにしつつも、行政広報に関わる方が実務に活かせるよう、また一般の方でも読みやすいように一部の書き直しを行ったものである。本書の特徴は大きく「統合型行政広報（シティコミュニケーション）という新たな行政広報のかたちの提言」、そして実践に活かせる「自治体職員が行政広報業務を行う上での指南書」として、さらに先人の先行研究の整理を行い理論化した「行政学や公共政策学の研究者が行政広報についての研究を行う際の参考書」の3つの役割を持たせていることであると考えている。つまり本書は理論と実践、そして提言という3つの顔を持っているのが大きな特徴といえる。

　本書の最大の特徴は、これまで自治体内部の住民向けに行われてきた行政広報活動と、外部の住民候補や観光客候補の人々に対して行われてきたシティプロモーションやシティセールスと呼ばれるプロモーション活動を、行政広報を中心とした「シティコミュニケーション」というひとつの枠組みに統合し、新たな考え方を提言したことにある。これまで行政広報は自治体の広報担当の部課がその地域に住む住民を対象に行政広報活動を行ってきた。一方で産業課や観光課などの別の組織は観光広報活動やシティプロモーション活動など、別々の広報活動をしていたといえる。それらを一本化し、マーケティングの視点で行政広報を見直すべきであるということを本書で全ての自治体に対して提言を行っている。

また2つ目の特徴としては、民間企業で長年広報業務に携わってきた筆者の目線で自治体の行っている行政広報活動全体を俯瞰し、さらにはいくつかの自治体の広報活動を具体的な事例として取り上げている。とくに昨今多くの自治体で取り組んでいるシティプロモーションの先駆的な自治体を取上げ、人口動態などの客観的な指標で評価し、成否のポイントなどを整理し、今後の実務に活かせる指南書としての役割を持たせている点である。

　自治体の行政広報の全体感については、日本都市センターが各自治体の広報担当課長に対して行ったアンケート（自治体広報に関する調査）を中心に、行政広報の現状の考察を行っている。アンケートの結果からは現在の自治体が行っている行政広報活動は、多くの自治体において戦略化されておらず、また具体的なプランニングもされず、ターゲットも明確にされないまま、効果測定も行われていない現状が垣間みえるものとなった。あわせて時事通信社の行った「自治体広報に関する世論調査」を基に、住民視点でも行政広報の現状についての考察を行ったが、結果として4割近い住民に自治体の情報が伝わっていない現状がわかった。

　本書ではとくに現在の自治体の広報担当者に足りないものはマーケット（在住住人やその候補者）をみるマーケティング的な視点と広報に関する専門性であると考えている。本書では自治体経営を行っていく上で、行政広報活動はもっとも大切な活動のひとつと捉えており、マーケティング的な視点を持って行政広報活動に取り組むためには、どのように考えたらよいかがわかるように、指南書としての役割を持たせている。

　さらに前述した提言や指南書の土台として、本書には理論を盛り込んでいる。理論とは先人たちの研究成果であり、本書でも先行研究などから得られた知見を、その後の実践や提言にも活かしている。とくに本書が取り上げている「行政広報」という分野はそれほど研究が盛んではなかった分野で、1960年代以降先人たちの手によって切り開かれた新たな分野といえる。本書は研究者が「行政広報について知りたい」「行政広報の研究に取り組む」際の最初の手引きとなるように、これまでの先行研究の整理を行うとともに、行

まえがき

政広報と民間広報の歴史を筆者なりにまとめている。本書が多くの行政広報に携わる公務員や、行政広報に興味を持っている公務員、一般の方、研究者の方々の手にとってもらえれば幸いである。

序　章

序　章

第1節　はじめに

1-1　自治体経営と行政広報

　筆者はこれまで、民間企業で広報や宣伝などのマーケティング業務に携わってきており、現在もそれらの職務に携わっている。現在民間企業においてマーケティング活動は、企業の利益目標を達成するための手段としてなくてはならない存在となっている。商品をつくり、そしてそれらを消費者に販売するために、マーケティングの視点で物事を考える企業が多いのが実情である。また広報活動についても、従来行われてきたような総務的な広報活動や、記者とのメディアリレーション活動のみを行う広報活動から、多くのステークホルダーとの関係維持を目的としたパブリックリレーション活動へと進化し、さらには企業の利益貢献を目指す戦略的な広報活動も増えてきている。
　しかし現在の多くの自治体組織においては、マーケティング的な発想や考え方を持っていないのではないかと筆者は感じている。筆者が現在住んでいる東京の港区をみても、出身地である静岡県の磐田市をみても、そこに暮らしている住民を顧客と捉えているようには感じられない。筆者自身がマーケティング業務の中でも、広報や宣伝などといったコミュニケーション領域の経験が長いこともあるが、自治体の行っている重要なコミュニケーション活動である行政広報ひとつをとっても、住民を顧客と捉え、顧客たる住民に情報をしっかり届けるという意思がないように感じられてしまう。例えば自治体が配布をしている広報紙を見てみると、多くの自治体で行政の伝えたいことだけが、画一的なスペースで一方的に載せられているのが現状である。これは伝える相手のことを考えて編集しているのではなく、編集側の都合で作っているからに他ならない。これまで自治体の行政広報活動は、広報・広聴といっ

た名前が示す通り、「住民に広く報じる」、もしくは「住民から広く聴く」といったことに重きをおいてきたが、実際には広く報じることの方が多く、時代の変化に対応しないまま、従前から行われている広報紙やチラシの配布、ポスターの貼付などを継続的に行い続けている自治体も多いのが現実ではないのだろうか。誰に何を伝えたいのかが明確ではない広報紙や、上意下達でしかコミュニケーションができない広報紙なども数多く散見されるし、都内のマンションに住んでいる筆者のところには、自治体から広報紙が一度も届いたことがないような状況である。つまり従前から行っている広報活動だけでは、住民に情報が届かない時代となってしまっているともいえる。また自治体の行っている自治体外向けの広報活動についても、「ひこにゃん」や「くまモン」といった自治体キャラクターがひとつの成功事例として取り上げられているものの、戦略や目的が不明確なままブームの後追いをした自治体が後を絶たず、つくればいいとばかりに現在全国に多くのゆるキャラが存在し、ゆるキャラグランプリ実行委員会主催のゆるキャラグランプリ2013には1,245体の自治体キャラクターがエントリーされていた。2014年4月5日時点の自治体数は1,741自治体であることを考えると、自治体の7割以上がゆるキャラを有している計算になるのである。

1-2　自治体経営へのマーケティングの導入

　ではなぜ今、自治体にとってマーケティングの視点が必要なのであろうか。日本においては人口動態上将来的に総人口が減ることは避けられない。内閣府の発行する2012年版高齢社会白書によれば、2015年から国内人口は減少に転じ、2048年には1億人を割って9,913万人になると推定されている。それはつまり、自治体における定住人口は将来的に減ることが確定しているといえるのである。また2013年版地方財政白書ビジュアル版によると、基礎自治体の収入である歳入は、地方税が33.7%と自治体にとってもっとも大きな収入源となっている。つまり現在と同様の規模で住民に行政サービスを

序　章

提供し、自治体を維持していくためには同規模の収入を確保するか、サービスを削って支出を減らすしか方法はないといえる。それができなければ財政的に苦しくなり、2007年3月に自治体の経営破綻といわれる準用財政再建団体になった夕張市のような自治体が今後増えていくことになるのである。総務省が発表している「市町村別決算状況調」の2012年版によると、全国ほぼすべての市町村で、自治体の借金にあたる地方債の残高が残っている状況である。多くの自治体が借金に頼って運営されており、その借金を返せない場合は破綻という道を選ぶしか選択肢がないといえる。破綻（準用財政再建団体に指定）した場合、国の指導で増税や公共料金値上げ、職員数の削減や人件費削減などの歳出カットを含む財政再建計画を立てることとなり、それは自治体で働く人にとってはもちろん、そこで暮らす住民に対しても大きな負荷をかけることになるのである。

　それらを防ぐためのひとつの方策が、マーケティングの視点を持って自治体経営を行うことであると筆者は考えている。例えば、自治体内の住民満足度を上げることで人口の流出を減らし現在の定住人口を維持すること、または対外的な広報活動を強化することで人口の流入を増やし、定住人口を増やすことや、観光広報などに力を注ぎ交流人口などを増やすことなどがそのひとつの方法といえる。例えば観光広報に成功して交流人口が増加すれば、新たな企業の参入も増え、法人からの税収などのかたちで財政上プラスに寄与することになることも考えられる。つまりこれからの自治体は自治体経営を行う上でマーケティングの視点を持ち、民間企業と同様に顧客を獲得していくことが求められるのである。

　マーケティング活動ではマーケティング戦略を考えるための考え方のひとつとして、Promotion（宣伝）、Price（価格）、Place（立地）、Product（商品）の4Pと呼ばれる4つのプロセスで戦略を考える基本となる考え方がある。自治体においても、顧客獲得を目的とした活動を進めるのであれば、当然にこれら4Pすべてを包含したマーケティング戦略を立案、実行すべきであるといえる。自治体の行っているマーケティング活動という意味では、現在多く

の自治体でシティセールスやシティプロモーションなどの活動が盛んに行われている。プロモーション活動を強化することで、市の知名度を上げ、外部から人などの顧客を誘引することは重要ではあるが、現在の既存顧客ともいうべき住民をないがしろにしてしまっては本末転倒であるともいえる。つまりどんなにプロモーション活動を頑張り、外から住民などの流入を図ったとしても、現在住んでいる住民が次々と流出してしまっては、穴のあいた桶に水を汲んでいるのと同じ状況である。そこで本書では住民向けのコミュニケーション活動である行政広報活動をベースとし、そこに外部的な資源の誘引施策である"プロモーション"機能を付加することで、多くの自治体にとってより有益な内外における行政広報活動が行えるのではないと考え提言を行っている。つまり自治体はこれまでと同様の住民向けの広報・広聴活動のみを継続し続けるのではなく、マーケティングの視点を意識した上で、自治体内の既存の住民に長く住み続けてもらう活動、もしくは自治体の外から住民や観光客などを誘引する活動、もしくはその両方が求められるのである。同時にマーケティング活動を意識し、戦略を立てて広報活動を行うことは、その自治体の強みや弱みをはっきりさせることにもつながる。自治体の強みや弱みをはっきりさせることで、これまでのようにすべての自治体が画一的で横並び的な行政活動を推進するのではなく、その自治体の目的や特徴にあった行政活動をすることが可能になるのである。

　とくに現在シティセールスやシティプロモーション活動に取り組んでいる自治体においても、ターゲットを明確にし、目標をもって行っているとまでは言い難い状況である。これからの自治体は目標を明確にした戦略を立案したうえで、マーケティング活動に取り組む必要がある。本書ではプロモーション活動を従来の行政広報活動に加えた新たな行政広報活動に取り組んでいく必要があると考えており、これまで行政広報活動やプロモーション活動に積極的に取り組んできた自治体の事例などを交えたうえで、行政広報活動とプロモーション活動の融合について、また自治体がこれから行っていくべき行政広報活動へのひとつの提言となることを目的としている。本書が多くの自

序　章

治体関係者に読まれ、今後の自治体経営のひとつの参考になれば幸いである。

第2節　行政広報における先行研究について

2-1　行政広報研究の概要

　本項では本書の土台となるべき"行政広報"の先行研究についての概要について述べる。日本においては広報自体の歴史が浅いこともあって、広報の研究が十分な状況とはいえず、また行政広報論という本研究分野においては、先行研究が少ない分野のひとつともいえる。例えば国立情報学研究所の提供する学術情報ナビゲータ"CiNii"で"行政広報"を検索した場合にヒットするのは2014年3月現在で79篇である。79篇には書評なども含まれているため、実際の論文数としては50本前後であり、もっとも古い井出嘉憲が1961年4月に発表した論文「行政広報への一つの接近 - 機構から見た問題点 -1-」から約50年の月日が経っていることを考えると、年間約1本の論文と、決して研究が盛んな分野ではないことが分かる。

　そのような状況の中で行政広報の歴史を遡れば、日本における広報のもっとも初期の研究者であれば元立教大学教授の小山栄三があげられる。小山は戦前より広報や広告、調査などを専門に研究しており、戦後の世論調査にもかかわっていた人物である。また1960年代初めには行政学者で元東京大学教授の辻清明が1962年に「都市の広報活動」というタイトルで行政広報についての論文を発表しており、辻清明に師事していた井出嘉憲は行政広報の研究を行い1967年に「行政広報論」の著書を発表している。その後、1970年代から80年代にかけて明治学院大学の三浦恵次が、1990年代には日本大学の本田弘などが本テーマにおける著書や論文を発表しているが、それ以降目立った研究がされていない分野といえる。2005年以降であれば相模原女子大学の宮田譲や自治体のシティプロモーションという視点で東海大学の河

井孝仁が研究を行っているものの、一部の研究者による研究にとどまっている感はぬぐえない。

　行政広報の歴史は、戦後 GHQ のサジェッションによって、もたらされたとみるのが通説とされている。行政学者で行政広報についての初期の研究者のひとりでもある辻清明は1962年に発表した論文「都市の広報活動」の中で、自治体が行う行政広報について「戦前に PR が存在したことを認める学者もなくはないが、前述のごとき理念に立脚する広報活動は、その起源を戦後の GHQ 指令まで遡れば良いと思う［辻清明, 1962：42］」と述べている。辻が述べている「前述のごとき理念」とは、辻の広報の定義でもある、「住民と行政機関との間を結ぶ架橋として、行政の民主化と能率化という二つの理念に奉仕すべく行われる行政活動の一分野こそ広報活動にほかならない［辻清明, 1962：41］」ということである。つまり辻は従前（戦前）の上から下へのお知らせだけによるプロパガンダ（宣伝）的な「一方通行」の広報（狭義の広報）ではなく、下から上へも情報を経由させる「対面通行」が民主化された広報活動においてもっとも大切なことであるとし、これこそがパブリックリレーション（＝行政広報）であると述べている。

　実際には、現在"広報"と呼ばれる他者に伝える活動は、江戸時代の御触書き、もっとさかのぼれば、卑弥呼の時代の卑弥呼の弟による口述による指示まで遡ることはできる。つまり歴史において、人民統治の手法のひとつとして、統治者による広報活動は自然と行われていたといえる。しかし辻も述べているように、"広聴"を含むパブリックリレーション的な広義の広報活動は戦後にもたらされたといえる。

2-2　行政広報研究の発祥

　本書においても、戦後を広義の行政広報の発祥と定義し、以後述べていくものとする。辻は広義の行政広報について、住民が首長や行政に対して、声を届けるための仕組みのひとつと位置付けている。その必要性については、

辻の持論である行政の近代化を挙げ、「治者と非治者の同質性の原則がどの程度貫かれるか、または貫かれる制度的保障があるか、という点に求められなければならない。非治者としての住民が、たんに行政の客体となるだけではなく、行政の主体として働きうる可能性が広範に保障されればされるほど、行政の近代化が実現しているといってさしつかえない」とし、間接民主主義である近代行政においては、各自治体を代表して治めている首長とそこに住む住民の距離を縮める努力が欠かせず、その距離が縮まるほど、行政の近代化が進んでいるといえると述べている。その住民と行政の距離を縮める方法を辻が図式化したものが「図1 行政への参与のルート」である。

辻は「市民の意思の反映は地方議員の選出という形態のルートがもっとも重要［辻清明，1962：54］」とした上で、「さらに一般住民の意向が長の選出以外で執行部に入っていくルートも地方公共団体の運営にとって、同様に重要な意義が認められる［辻清明，1962：54-55］」と述べている。その一般住民の意向が行政に入っていくルートのひとつが"広聴"なのである。

従前の狭義の広報では上から下に情報を下ろすのみであり、下の意見を取

図1　行政への参与のルート

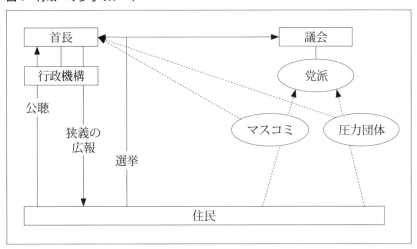

出典：辻清明『都市問題第53巻第9号（1962年）「都市の広報活動(1)」』p.49

り入れることはされていなかった。それは戦前までの日本社会が統治社会であり、統治者と非統治者がはっきりと分かれていたからである。戦後の民主主義化の中で住民が主権者となり、主権者から負託される首長や住民の代表である議員が選ばれる近代化がすすめられた際に「日常的に政治または行政の過程に住民が主体として参与する道を一般に開く方法が必要となる。その方法は図に示すごとく多様ではあるが、首長を通ずる道の代表的なものとして広報活動（広義）を挙げることは決してあやまりではなかろう［辻清明，1962：40］」とも述べている。つまり狭義の広報は統治者がいた歴史においては当然に行われてきた民衆統治の為の一手法の行為だったのである。しかし広聴を含んだ双方向的な広義の広報活動は、戦後の民主主義化の流れで誕生したものといえ、広義の広報が必要となった背景は辻が述べている通りであ

図2　行政PRの図式

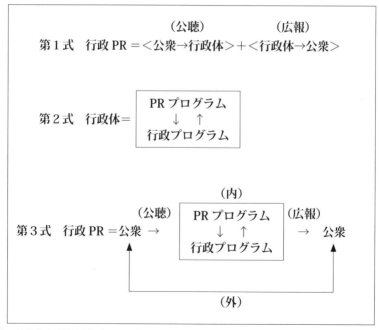

出典：井出嘉憲『行政広報論(1967年)』p.29

ろう。つまり戦前から戦後にかけて行政広報は、上から下に必要なことを伝える行為から、下の意見を吸い上げ、それを政策などの行政活動に活かす行為に変化したといえる。戦前から広報についての研究を行っていた小山は行政広報の役割について、行政広報とは「行政機関が国民奉仕の本旨に基づいて、国民の理解と協力を得るために、内に向かっては民意を知って、自己反省や企画の参考にし、外に向かっては、マスメディアを使用して、自己の意思を一般民衆に周知する行政行為であるといえよう［小山栄三, 1971：31］」と定義している。つまり行政広報とは、民意を知った上で行政活動の反省材料や今後の施策の参考材料にするとともに、メディアなどを通じて行政の意思を住民に広めるものだとしている。これら戦後の広義の行政広報活動をもっとも具体的に示したのが、井出嘉憲である。井出は 1967 年に発表した著書の中で行政広報（PR）の循環過程を「図 2 行政 PR の図式」として、図式化している。井出は広義の広報（行政 PR）として、自治体（行政）における広報とは公聴＋広報（第 1 式）という常識的理解であるとしたうえで、自治体における広報活動は、自治体の内部における広報（PR）プログラムと自治体（行政）プログラムが相互に調整・統合を行い実行するもの（第 2 式）であるとしている。さらに第 3 式は、第 1 式と第 2 式を重ねて循環過程を表しており、井出は自治体の行政広報とは、「公聴活動によってもたらされた外部インテリジェンス[1]を指標にし、行政施策を準備ないし修正し、「民意」に応えるべく努力する、と同時に準備、修正された行政施策を盛り込んだインフォメーションを公衆に提供し、広報活動を通じて「民意」に働き掛け、その指示、協力を獲得することに努力する［井出嘉憲, 1967：29］」と定義している。

2-3　啓蒙型行政広報の時代

社会学者である小山の定義と、政治学者である井出の定義は、一見似た考

1　この場合は広聴によって得た"民意"を意味する

え方のようにみられる。だが詳しくみてみると、小山の方が狭義の広報的な考え方が強く、住民などに行政側の意見を広く伝える方に重きをおいているように感じられる。"マスメディア"を通じてと表現している点からも、影響力のあるメディアを通じて統治者の声を住民に広く周知すべきという戦前のプロパガンダ的な考え方が少し残っているような印象も受ける。それは小山が戦前から狭義の広報活動やプロパガンダについての研究をおこなっていたからともいえる。逆に井出は行政プログラムを実施するために広聴が不可欠であると述べているように、広聴に重きをおいている。行政プログラムは広聴（住民の民意や意思）がなければ成立せず、広聴の結果誕生した施策を住民に伝えるために、狭義の広報は存在するという立場を貫いているからである。辻も行政と住民は双方向的な平等な関係が大切であり、その位置関係に上下はないという立場をとっており、井出も師匠である辻の影響を強く受けているといえる。辻は論文の中でも行政広報の定義について「従来は一つの行政目的を達する際住民の理解と協力を求めるためにする行政活動とか、大衆の理解信頼を得る為の継続的努力の過程とか定義されてきたようであるが、これらの定義にはいささか上から下へというニュアンスが感じられなくもない［辻清明, 1962：41］」と小山の行政広報の定義を批判している。

　小山は辻や井出とは異なり戦前のプロパガンダの考え方をベースにしており、行政に対するアンテナのひとつとして広聴を加えたという考え方に近く、そういう意味では戦前の考え方に近いものであるともいえる。その後の辻や井出は、行政の民主化のためには狭義の広報と広聴の2つを含めた行政広報活動が必要であり、その柱は平等、どちらかといえば住民の声を聞くべき、広聴の方が大切と捉えている。

2-4　対話型行政広報の時代

　その後、1970年代には明治学院大学の三浦恵次が戦後から1960年代までの行政広報史について整理をしており「戦後の広報史には、初めに広報＝啓

蒙の段階、次に広報＝周知の段階、そして最後に広報＝広聴の段階が区分されている［三浦恵次, 1986：3-4］」と戦後の広報史についてまとめている。

また1970年代の行政広報の背景について三浦は「日本列島がドラスティックに改造され、そのなかでいわゆる住民運動が燎原の火のごとく燃え上がっている今日、行政体と住民、住民と住民の関係の全過程の表には、はっきりと矛盾や対立などの深刻な事態が浮かび上がっている［三浦恵次, 1974：38］」と、当時の住民運動の激しさを表現している。この1970年代に起きた住民運動については「多くの住民運動を検討してみると、公文書の公開の自由が多くのスローガンの一つとなっている。その背後には法制化だけではなく、もっと広く情報公開の自由にまでその要求は広がっている［三浦恵次, 1974：43］」と分析している。この住民運動の動きに触発されるように、地方自治体における情報公開制度が確立されはじめ、1982年に山形県金山町が日本で初めて情報公開条例を定め、翌1983年には神奈川県と埼玉県が情報公開手続きに関する条例を定めている。つまりこの1970年から80年にかけて自治体が住民に求められたのは、自治体の持っている情報の公開であり、自治体経営の透明性であったともいえる。自治体経営の透明性に対して、行政広報への期待と役割は大きいものであった。三浦は1970年代から1980年代にかけての行政広報の課題と役割について「今日の行政広報に求められる課題は何であろうか。結論から先にいえば、"啓蒙型広報"からの脱皮であろう。昭和40年代、戦後自治は住民運動と連動して、その再生を図った。当初にあっては、"対話行政"に象徴されるように、啓蒙型首長であってもそれなりの価値があり、時代を拓く先駆者であった。しかし"対話から参加へ"というキャッチフレーズにみられるように、市民は参加の制度を目指して、最早善政とか啓発を期待していない。広報・広聴という行政面については"知る権利"の運動となって、情報公開条例の制定を迫られつつある。"お知らせ""啓発"の時代は過ぎ去りつつあり、市民が求める先端の要求は行政情報の公開である［三浦恵次, 1986：34-35］」と述べている。また三浦はこの時代に行われた行政広報＝政策広報とした上で、その特徴について次のように述べている。政策広

序　章

報は「行政情報を自由に提供すること、終始、民意の吸収・反映に努めること、当初から住民の反応を期待していること、その主体を行政側においていること［三浦恵次, 1982：159］」とし、政策広報の機能と特徴についても、行政広報の特徴である広報・広聴機能を中心としている。だが三浦は政策広報と情報公開の関係性に関して、「政策広報の提供性には、情報公開の公開・開示性と重なるところがある［三浦恵次, 1982：159-160］」としながらも、両者の主体性については全く相反することもあると述べ、「情報公開は、住民がその意思により情報を請求し、行政側がそれに対応し、公開・開示することにその本質があるといわれる。一方、政策広報は、行政側の意思により選択された情報の提供であった、それとはまったく異質のものである［三浦恵次, 1982：160］」としている。つまり自治体から必要な情報を提供する従来からの広義の広報と、住民からの要望により情報を公開する広報とは、主体性やその役割がまったく異なるのである。つまりこの時代の広報・広聴は、これまでの行政情報を伝え、そして民意を聴き、それを行政活動に活かすだけではなく、住民自身が行政運営に参加したいという意思表明に対する掛け橋的な役割を担うことが求められ、その掛け橋が行政広報（政策広報）の役割であったといえる。三浦は自身の広報論について「広報が真に住民自治に寄与しうるためには、地方の政治・行政に対して住民が強い関心と自覚を持つことが必要である。したがって、その前提条件として必要な情報や資料を公開し、問題の所在を知らしめる努力が熱心に行われねばならないのは当然である［三浦恵次, 1972：239］」とまとめている。三浦の考え方は辻や井出の民主主義社会では住民が主権者なのであり、その掛け橋となるのが行政広報であるとした考え方を引き継ぎながらも、住民自治をより強くしたといえる。従来のように行政にお客さん的に意見を聴かれ、その意見が行政施策に活かされるだけではなく、その地域の行政施策についてともに考え、ともに創り上げていく、参加型へとより発展させたものであるともいえる。

2-5　観光型行政広報の時代

　また 1980 年代に入ると、自治体において住民向けの行政広報とは別に観光政策の一環として観光広報が誕生する。山口大学の藤田健は「遡ると 1980 年代には目的地マーケティングや地域の観光マーケティングという名称で、地域観光振興を目指したマーケティングが研究されてきた［水越康介、藤田健, 2013：20］」と、1980 年代に自治体による観光誘致活動が活発化してきたことを述べている。実際には国による観光政策の歴史は明治時代の外国人向けの観光政策まで遡ることができるが、自治体における観光政策としては、1987 年に制定された総合保養地域整備法がひとつのきっかけになったのではと考えている。武庫川女子大学の盛山正仁は同法について、「国民の余暇増大への対応、新しい地域振興策の展開、内需主導経済構造への転換を目的としている。複数の市町村からなる良好な自然条件を備えた地域における整備措置を講じるものである［盛山正仁, 2011：72］」と述べている。また元運輸省観光交流部長の進藤敦丸は「地方公共団体は、個性的で魅力あふれるふるさとづくり、まちづくりの一環として総合的な観光振興を進めており、(中略) 観光振興のための各種キャンペーン活動等具体的な施策を積極的に展開しており、国はこれらの施策に支援、協力をして、地域における観光の振興を図っている［進藤敦丸, 1999：13］」と当時、国と自治体が共同して、観光誘致、観光キャンペーンなどの観光広報に力を入れはじめた様子を表している。藤田は「目的地マーケティングは、地域の人々が観光目的地なる場所（地域）を観光客にアピールし、来訪を促す活動である。観光地において目的地マーケティングの中心的な役割を担う組織は目的地マーケティング組織（DMO）と呼ばれる。DMO の中でも、市町村といった地理的範囲で、地域の観光振興と目的地マーケティングを行う組織を地域観光組織（RTO）と呼ぶ。具体的には、市町村にある観光協会を思い浮かべてもらうと良い［水越康介、藤田健, 2013：20］」と、この時代に多くの自治体で観光協会など、観光誘致のための組織が

序　章

誕生していることを述べている。

　これらのことから1970年代の終わりから1980年代にかけて、行政広報とは一線を画した形で自治体の外部向け広報活動が本格的に始まったと捉えることもできる。観光広報を実施することについて藤田は、「観光による地域活性化は、地域の住民や企業が協力して観光客を呼び込み、ホスピタリティを提供することによって地域経済の改善を目指す活動である」と行政だけではなく、自治体と企業と住民が協働して行われる広報活動であるとしている。

2-6　誘導型行政広報の時代

　1997年には日本大学の本田弘が著書「行政広報」の中で、「行政は多様な機能を発揮しうるが、それらのなかに誘導や先導という機能を持つ。すなわち、行政の誘導機能主義であって、当該行政の担当する地域の発展を誘導あるいは先導することである。（中略）重要なことは、このことが広報活動によって促進されるということであって、行政の誘導性・先導性は広報活動に大きく依存するのである。このことは広報における住民への周知機能を重視することで解決する問題とされると理解されなくもないが、そうした浅い認識では物事の本質を見誤ることになるのではなかろうか。それは単に周知機能としてだけではなく、広報活動によって行政が住民の福祉向上や地域社会の発展を望ましい方向に誘導し、先導することが期待されるのである［本田弘，1997：30］」と述べている。本田のこの行政広報の定義は、先述した井出から三浦にいたるまでの行政が住民とともに行政政策をすすめていくための広聴を重視した行政広報論と少し異なるものである。どちらかといえば、プロパガンダ的な機能を重視した小山の考え方に近いともいえる。それは1960年代に辻が指摘したように、「現代国家はほとんど例外なく、間接民主制を取っているため、共同体の規模が大きくなればなるほど必然的に行政の近代化が阻まれるという矛盾に直面する［辻清明，1962：40］」ことといえるのかもしれない。辻のいう行政の近代化はいわゆる上意下達の君主制から、国民や住民が自ら

治めていく民主制への移行のことを指している。各年の国勢調査によれば日本の人口は、1950年は約8,267万人だが、1970年代には1億人の大台を超え10,311万人に、1990年代には12,272万人へと人口は増加を続け、度重なる合併により規模が拡大した基礎自治体においては、行政政策への住民の関心は低下する一方である。それは住民が行政の主権であるという意識の低下であり、お客さま意識の増加とも捉えられる。また本田は同著の中で、「地方自治体の広報は、あくまでも自治体行政の広報である。当該地方自治体にとって、基本的な政策や計画、ないしは周知事項なり住民の要望などを広報することが主眼であろう。端的にいえば、行政情報を住民に提供する役割こそ、広報活動に課せられた仕事である［本田弘，1997：205］」と行政における広報の役割を定義している。

　この定義からいえることは1990年代に入っても、行政広報とは自治体内広報と同義であり、自治体内の住民にどのように報じるべきか（広報）、また自治体内の住民の声（広聴）をどのように自治体経営に活かしていくかが重要であるということである。また本田のこの定義は、行政として政策などの情報を住民に伝えることが大事ということであり、広聴が加わった戦後の広義の広報よりも、戦前の狭義の広報に近い考え方とも捉えることができる。だがどちらにせよ、本田の定義にもあるように戦後から1990年代までの約半世紀の行政広報は、自治体内広報の歴史でもあったといえる。

2-7　都市間競争型行政広報の時代

　そこに大きなインパクトが起きたのは、2000年代にはじまった自治体の都市間競争的な動きであると筆者は考えている。詳細は本書中で後述するが、従来行われてきた行政による行政広報活動とは別に、対外的なプロモーション活動を本格化させたのである。これらの自治体間競争における対外的なプロモーション活動のはしりは前述した観光広報であろう。そしてもうひとつは、企業誘致などを行う産業広報などである。その成功事例をみた他の自治

体が追随したため、現在のように多くの自治体で観光広報や対外的なプロモーションの発展型であるシティプロモーションなどが広がったと考えられる。東海大学の河井孝仁は著書「シティプロモーション」の中で、現在の自治体がシティプロモーションを必要とする3つの環境要因［河井孝仁, 2011：5］として、「財政的な課題（三位一体の改革[2]）」、「平成の大合併（新自治体に対する帰属意識、参画意識の欠如）」、「趨勢としての少子高齢化（生産年齢人口の減少）」を挙げている。また自治体はプロモーション活動を広報組織の行う一般広報としてではなく、別組織の行う個別広報として行ってきたため、観光広報は観光課、企業誘致などの産業振興広報は産業課や政策課、住民向けの広報は広報課や秘書課など、縦割りで行政広報活動が行われているのが現実である。それら自治体外向けの個別広報が発展したのが、現在多くの自治体で行われているシティプロモーションになったと考えられることから、自治体として現在行っている"広報活動"には、行政の情報を住民に伝える狭義の広報と住民の意見を聞き行政施策に活かす広聴、そしていわゆる企業でプロモーション（宣伝）と呼ばれる観光広報や産業広報などがすべて含まれているといえる。

　つまり行政広報活動には、そのひとつとしてプロモーション活動が当然に含まれており、プロモーション活動はマーケティング活動の一部であることから、マーケティングの視点も取り入れることで、現在の自治体における行政広報活動について、より深く考察できるものと考えている。自治体におけるマーケティング戦略という観点では、非営利組織へのマーケティングの導入として1969年から1973年にかけてフィリップ・コトラー（Philip Kotler）などによって研究がされており、1970年代から80年代にはアメリカでこのような考え方が急速に受け入れられるようになっている。とくに教育、医療、娯楽、交通運輸、図書館、芸術などの民間企業に近い分野では早々と採用され、1980年代の後半には、政府機関や児童虐待防止など、プロダクトやサー

2　2004年から2006年度の間に行われた小泉内閣の構造改革の大方針の一つである「地方でできることは地方に」という理念の下、国庫負担補助金改革、税源移譲、地方交付税の見直しの3つを一体として行った改革のことである（六訂地方財政小辞典）

ビスの取引や金銭の授受を受けない非営利的な分野にまで広がりをみせている。そこで本書においては、行政広報の先行研究を基礎とし、かつ非営利マーケティングの先行研究を参考とした上で、現在の自治体とくに基礎自治体における行政広報活動の発展について、述べていくものとする。

序　章

第1章　自治体における行政広報活動

第1章　自治体における行政広報活動

第1節　自治体における行政広報活動の歴史

1-1　広義としての行政広報の発祥

　現在、名称はばらばらではあるが、日本国内の自治体のほぼすべてに広報を専門・専任とした組織や職員が存在し、行政広報活動を行っている。そんな自治体における行政広報活動だが、日本における自治体の行政広報の歴史を紐解けば戦後のGHQによってもたらされたといわれている。
　『日本の広報・PR100年』(同友館)を参考にしつつ、広報の歴史について整理を行う。行政広報の発祥について井出は対談の中で、「昭和22、23年ごろ"行政の民主的運営のためにPRを"というGHQないし、軍政部筋の強いサジェッションを受けて始められたものです。当初は"PR"の概念がつかめず、言葉自体の翻訳に苦しみ、さらに占領軍の強圧的態度と日本側の内部の無理解のいずれからも苦しめられるという暗中模索の時代であったわけです［小山栄三、小林興三次、浪江虎、雨森和雄、井出嘉憲、松田慶文, 1961：82］」とその発祥について述べ、猪狩も日本における行政広報の発祥として「1947年、GHQから日本政府と県など地方行政機関に対して、国民統治の方法のひとつとして"パブリック・リレーションズ"の導入を示唆された。この時、日本の行政が考えた訳語が"広報"である。それが主として日本の官公庁・自治体に広がっていった［猪狩誠也, 2007：52］」と述べている。
　このGHQによる示唆を受け、各自治体が広報関連の部課を設置し、行政広報活動に取り組んでいったといえる。具体的には、「日本の自治体で一番最初に広報組織を設置したといわれる富山県が1948年1月に広聴室を設置。組織名称としては多くの自治体が広報室などとした中、富山・香川・愛媛・大分は広聴を掲げ、岐阜・長崎・宮崎のように報道課と名付けた県もあった。

情報といった側面に注目し、山形・佐賀・新潟・茨城のように情報課とした県も含め、1949年末までには30都道府県で広報主管部署が誕生した［猪狩誠也, 2011：91］」とされている。一方で民間企業への広報の導入については諸説あるものの、アメリカ式の広報という考え方は行政広報の始まった1947年前後に広告代理店である電通（当時の電報通信社）が導入をしたという説が有力である。電通が最初に広報を日本に導入した経緯について猪狩は、その著書の中で「電通がなぜ力を入れたかは明確ではないが、おそらく機をみるのに敏感な吉田秀雄（当時の電通社長）がGHQに接近する間にPRの考え方に触れ、これを広告のバックボーンにしようと考えたようである［猪狩誠也, 2007：54］」と述べている。また日本最初の広報組織としては戦前の1923年に南満州鉄道株式会社（以下、満鉄）内に設置された総裁室弘報係といわれている。当時の満鉄の行った広報活動については「当時の満鉄では「文書宣伝（文書による宣伝）」「形影宣伝（映画、写真、絵画などによる宣伝）」「口授宣伝（講演、ラジオ、レコードによる宣伝）」と弘報よりは宣伝業務が主な業務であった［猪狩誠也, 2011：31］」と述べているように、広報というよりも宣伝（プロパガンダ）的な活動がメインであったといえる。また満鉄が半官半民企業であったことから、一般的な民間企業がアメリカ式の広報の考え方を取り入れたのは1947年ごろであることを考えると、当時においては民間における広報活動よりも、自治体の行政広報活動の方が進んでいたといえる。しかしアメリカ式の広報という考え方自体が導入されたのは戦後ではあるものの、戦前から現在の広報活動にあたるものが各企業によって行われていた事実もある。例えば、読者として社外の消費者やオピニオンリーダーを対象としているいわゆる広報紙と呼ばれるものの最初は1878年に守田治兵衛が創刊した"方譚雑誌"、現在も続くものとしては1897年に丸善（現在の丸善出版）が創刊した"学鐙"が日本で最初といわれており、1899年には三井呉服店（現在の三越）が顧客向けに"花ごろも"という雑誌を創刊している。また社員向けの広報紙である社内報については1904年に鐘紡（現在のクラシエ）が創刊した"鐘紡の汽笛"が最初であるといわれている。同年には帝国生命（現在の朝日生命）が"社況月報"

を創刊している。民間企業において当時は広報という考え方はなかったものの、各社が自社のビジネスを有利にするための活動のひとつとして、顧客への情報提供やサービス、社内の意識や士気向上の一環として広報的な活動を行っていたことが伺える。

猪狩は当時の自治体の行政広報活動について、「占領にあたった米軍スタッフは日本を民主主義国家として再生させようという意欲から、国民にはよく知らせ、国民の声をよく聴くべきだという民主主義の初歩であるパブリック・リレーションズの理念を熱心に指導したのである。しかし敗戦まで日本の行政は国民の声を聞くなどほとんど考えもしなかっただろうから、米軍の指導にもかかわらず、広報とはほとんどが"お知らせ"一辺倒であったようである［猪狩誠也, 2007：52］」と当時の様子について述べている。

1-2　行政広報活動の模索の時代

戦前・戦中は情報統制がより一層厳しい時代であり、戦争に向けた世論形成、プロパガンダと思想取締りの強化を目的に 1940 年に発足した情報局が、国内の情報収集、戦時下における言論・出版・文化の統制、マスコミの統合や文化人の組織化および国民に対するプロパガンダを内務省・陸軍省などとともに行っている。こういった時代背景や役人のエリート意識、特権階級意識が、日本の行政が行う行政広報のほとんどが"お知らせ広報"となってしまった原因のひとつと考えられる。また辻も「戦後の民主化の多くがそうであるように、広報活動の展開も残念ながら住民の主体的運動や要求によって生まれたものではなく、上から、実質的には占領軍の指導として行われた。それも order としてではなく軍政部教育課の civil information の必要性と強化という要望［辻清明, 1962：42］」に基づいて生まれたと表現し、住民が希望したわけでもなく、押しつけられた広報・広聴であることを述べている。また行政広報の問題点のひとつとして猪狩は、「広報手法に通じた人物がいないこと、そして広報媒体が弱体なことだった［猪狩誠也, 2011：99］」と 2 つの問題点を指

摘している。当時のマスメディアの状況をみれば、当時もっとも影響力のあるマスメディアである新聞もわずかに裏表の 2 ページという状況であり、情報の掲載量としては不足しているとしかいえない状況であった。1952 年ごろになると、朝日、毎日、読売 3 紙が朝刊 4 ページ建てになるものの、それでも多くの情報を伝えることは困難であっただろう。つまり広報の意味も概念も不明確な担当者が、国民や自治体の住民に広く報じるために手探りで広報活動を研究、進められていったのである。現在の広報活動の中でもマスメディアを通じた情報の伝達（パブリシティ）はもっとも大切かつ重要な活動であるが、その最も大切な情報伝達メディアが圧倒的に不足していた時代ということになる。猪狩も当時の自治体広報の状況として、「初期の自治体広報は自治概念そのものが不明確な中で、暗中模索の歩みを始めた。当時の広報業務として、幼稚なポスター、パンフレット、新聞など印刷物に大半の精力が使われたことは当然だった［猪狩誠也，2011：99］」と述べている。つまり当時の自治体広報の役割として、住民に対するマスメディアの情報量が貧弱ななか、多くの住民に情報を伝える方法として、いわゆる自治体が所有するメディアである自治体の広報紙やポスターなどの制作を行い、地域の掲示板への掲示や町内会などの自治組織を活用した全戸配布を行ったのであり、それ自体には大きな意味と効果があったと考えられる。井出も著書の中で「わが国の自治体には、伝統的に、地域末端住民組織＝町内会・部落会が存在し、重要な役割を果たしてきた。それは「行政村」を支える「自然村」として位置づけられ、またそれゆえに、「上意下達」、「下情上通」のための、自然の水路として機能することを求められてきた［井出嘉憲，1967：142］」と述べているように、当時の自治体活動において町内会などの住民による自治組織の重要性が伝えられている。実際に現在の自治体も町内会などの自治組織とのつながりを大切にしており、ある自治体の広報職員に話を聞いたところ、「自治組織との関係維持が、広報係としてもっとも大切である」とまで述べているほどである。つまり 1950 年代の自治体広報においては、マスメディアが貧弱の中、自治体自身が独自のメディアを開発し、それを自然村である町内会などを通

じて配布を行うことで、行政からの住民に対する情報の周知を行っていたといえる。また逆に自治体が住民の意見を集約し、行政に伝える広聴の役割も果たしていたことになる。当時においては、それが最善の方法であり、努力の成果であったことも当時の状況からうかがい知れる。

　東京経済大学の猪狩誠也によると、当時実際に各自治体が行った広報活動として最も力を入れていたといわれるのが埼玉県である。埼玉県では1947年4月に「県庁の声を県民に、県民の声を県庁へ」を理念に掲げて報道室を設置し、「埼玉メガホン」の愛称で広報活動を本格的にスタートさせた。1949年に導入された主力媒体は壁新聞である「埼玉メガホン（隔週2000部発行）」、写真壁新聞である「埼玉メガホン画報（月刊2000部）」、広報車「埼玉メガホン号」、小冊子「広報埼玉（1300部）」の4種であった。また神奈川県は1950年から広報映画の制作をはじめ、愛媛県は県下の各市町村への広報係の設置と一般住民への広報委員の委託などを行った。愛媛県は1950年には県下の全町村に300組織11,000人を超える町村広報委員を委託し、この組織を基盤としながら、ニュースカー愛媛広報車を戦力化し、移動写真展、街頭広報会、野外演芸会を実施するなど、先端文化から取り残されがちな農山漁村を巡回し、動く県庁として大いに効果を上げたとされる。その後、埼玉県、神奈川県、愛媛県などのこれらの活動が成功例として取り上げられると、多くの自治体で同様の活動が行われるようになっていった。また自治体が自ら媒体を持つことについて辻は「PRは行政庁と住民の両極の溝を埋めるものとして機能する。このような機能は新聞、ラジオ、テレビといった一般のマスコミのメディアにも期待される。しかしマスコミそれ自体には限界があるため、行政庁と住民を直結するメディアが必要となり、住民の行政への参加の前提となるサービスとして、行政庁ではいろいろのメディアを使ってインフォメーション活動を行っている［辻清明，1962：78-79］」と言及している。辻の述べているマスコミの限界とはマスメディアは民間の報道機関であるため、販売に関わる商業性や、報道機関としてのスタンスによるニュースの扱い方などが異なるためである。

1-3　行政広報活動の基礎自治体への広がり

　各自治体、とくに県における行政広報の専門組織は戦後増え続け、一時は30を越える自治体で広報専門組織があったが、1953年には広報を主管する部署は17程度まで減ってしまったといわれている。この事態を招いた理由としてはデフレ予算による予算削減に加え、GHQによる占領施策が終わり、GHQの持ち込んだ施策に対する各自治体の反発もあったといわれている。井出もその事に言及し、「強圧的だったとはいえ、従来突っかえ棒の役割を果たしていた占領軍の支えがなくなり、また民主化のスローガンも相対的には弱まるということで、広報はひとつの危機を迎えたわけです［小山栄三、小林興三次、浪江虎、雨森和雄、井出嘉憲、松田慶文，1961：82］」と当時の広報の減退に対する危機感について述べている。「ただ幸いなことに、この時期になりますと、広報の認識がようやく市町村レヴェルにまで浸透をしてまいりまして、右のような府県の傾向とは逆に市町村が動き出すという現象が見られ、それによって全体としての広報の弱体化がカヴァーされたのではないかと考えられます。［小山栄三、小林興三次、浪江虎、雨森和雄、井出嘉憲、松田慶文，1961：83］」と、サンフランシスコ講和条約による日本国の主権回復に伴い、府県レベルでは広報が弱体化したものの、それと反比例するようにこの時代に府県より住民に身近な基礎自治体である市町村レベルでは広報が盛んになってきている状況が伺える。各自治体、とくに基礎自治体である市町村は住民への情報伝達を行うため、行政広報活動に力を注ぎ、「広報誌などの刊行物が全府県において発行され、しかも定期・不定期を合計すると、一府県の平均が5種類に及び、市では全体の98％、町村の80％が刊行物を発行している［高木鉦作，1961：25］」と当時の自治体における広報媒体の状況が述べられている。つまり1961年ごろには市以上のほぼすべての自治体で広報紙などの広報媒体が発行され、多くの種類が存在していた状況であったことが分かる。

　だが戦後すぐの行政広報の初期のころには、先述の通り、行政からの情報

を伝えるマスメディアの情報伝達力が弱かったため、それを補う方法として、自治体などが広報紙などの独自のメディアを制作し、配布することが必要不可欠であったはずである。しかし時代とともに状況は変化をしており、例えば当時の代表的なマスメディアである新聞においては、戦後すぐには2ページ建てだったものが、1952年ごろには朝日、毎日、読売3紙が朝刊4ページ建て、夕刊週5回4ページ建てに、1956年には読売新聞が朝夕刊平均14ページ建てに増ページするなど、情報量は圧倒的に増加しているといえる。また1953年にはNHKや民放各社がテレビ放送を開始し、世帯普及率も1964年の東京オリンピックを契機に飛躍的に増加し、1964年にはテレビの世帯普及率が90％を超えるなど、活字・電波を含め、マスメディアの情報量は急激に増加をしていった時代である。広報活動としては、多くの人々に大きな影響力をもたらすマスメディアを上手に使うことも必要であったが、行政広報は過去の成功事例である広報紙などに固執を続けた感が否めない。辻も「行政庁メディアと並んで重要なのは、一般マスコミのメディアである。マスメディアの存在理由は、近代社会の複雑化に際して、個人や諸集団の動きに基準を与える世論を形成する過程でその媒体となること［辻清明，1962：86-87］」とマスメディアの世論形成の重要性を論じているとともに、井出は1967年に発行した著書の中で自治体の広報活動においては「自己所有の独自の媒体、とりわけ「広報誌」に対する依存度の高さが指摘される。（中略）わけても市町村ではこの傾向が著しく、PR活動イコール広報誌活動といった感じになっているところも多く見出される［井出嘉憲，1967：157］」と行政広報の問題点を取り上げている。

　自己所有の媒体とそれ以外の媒体においてのもっとも大きな違いは、編集権限の存在とその媒体への信用力が考えられる。一般的な企業の広報紙であれば、自社媒体である広報紙は自社が好きなように編集できる半面、自社の都合の良い広告などの宣伝的な情報を掲載できるというイメージがあり、第三者の発行する媒体やマスメディアと比較し、信頼性が劣るのが通常である。しかし自治体の発行する媒体の場合、当然に編集権は自治体にあるのだが、

自治体のような公の機関が発行している媒体のため、企業が発行をする広報紙のように信用力が極端に落ちないといえる。つまり高い信用力を備えたまま、自由な編集が可能という影響力の高い媒体になってしまうのである。これが行き過ぎると、戦中の大本営発表のように、その媒体の受け手である住民などに誤った情報やイメージを植え付けかねないのではないのだろうか。井出もその状況を危惧したのか、「行政PRの望ましい姿というものを想定した場合、媒体については民間がイニシアティブを持つべきであり、政府が強力な媒体を自ら持つことは控えるべきだと考えられている［井出嘉憲，1967：157］」と述べている。筆者も同意見で、情報を伝達することは大切であるが、その情報をどのように自身の中に落とし込むかは各住民の判断であり、その住民の判断を誤らせるような情報の伝達方法は適切ではないと考える。それは戦時中のプロパガンダに立ち返ることにつながってしまうのではないだろうか。

1-4　民間広報の始まりと新たな行政広報活動の時代

　民間企業による広報活動も1950年代ごろから本格化し、1953年の日本航空を皮きりに1955年には東京瓦斯（現在の東京ガス）が、1956年には松下電器産業（現在のパナソニック）が広報組織を設置するなど、1950年代に民間企業において広報専門の組織が数多く誕生している。また1950年代は企業の広報では社内報がひとつのブームメントとなっており、1957年には「全国社内報コンクール」が創設されている。60年代に入ると広報紙が流行し、62年には「PR誌コンクール」が創設されている。そのころに創刊された広報紙はエッソ・スタンダード石油の「Energy」や、トヨタ自動車販売の「自動車とその世界」、資生堂の「花椿」などが挙げられる。自治体の広報紙が1950年代には多くの自治体で取り入れられていたことを考えると、自治体の行政広報は民間より10年ほど進んでいたともいえる。
　その後、1960年代後半には自治体の広報活動にも新たな動きが出てきて

いる。東京オリンピックの翌年から続くオリンピック不況の最中、この時代に多くの革新系の首長が誕生した。猪狩は「革新系のシンボルとなったのが、67 年に就任した美濃部亮吉東京都知事である。美濃部は選挙中から"都民本位"の都政への転換を訴えた。上位下達の政治から主権在民体制の中での行政サービス期間としての都政への転換を目指し、都民ニーズに応えた自治組織としての都政の実現に挑戦した。そのための最強の武器が広報、なかんずく広聴活動である。美濃部都知事は就任 3 カ月目には初の対話集会である"都民と都政を結ぶ集い"と名付け、葛飾区で開催し、1 期目 4 年間通算 58 回の対話集会のスタートを切った［猪狩誠也，2011：209-210］」と述べており、当時の革新系の首長が広報を重要視していた姿がうかがえる。また当時の美濃部都政は都民との「対話促進のために、美濃部都政では、対話集会の他にもさまざまな施策が取り入れられた。広聴活動としては、「世論調査」や「都政モニター」の充実、「私の提案週間」の創設に加え、「都民室」の設置など組織を整備。広報活動では、「私の便利帳」、「都のお知らせ」などの自主広報の紙面を倍増、また自主番組の強化や都施設のオープンハウスなども取り入れた［猪狩誠也，2011：209-211］」など、お知らせ的な伝える一辺倒の狭義の広報ではなく、住民の声を聞く事に注力をしている点が、従来の行政広報と異なっており、これらは辻や井出が理想としていた広義の行政広報の実践の時代であるともいえる。

　そんな 1960 年代後半から 1970 年代に入ると、民間企業では CI (Corporate Identity) の時代に突入している。日本で最初といわれる自動車メーカーの東洋工業（現在のマツダ）や総合スーパーのダイエーが VI（Visual Identity）を中心とした企業理念や経営方針の刷新を含めた CI 計画が行われている。CI とは企業が掲げてきた理念や事業内容等に基づいて企業の存在価値を整理することで、それらの企業理念や理念に基づく行動指針を企業の内外で共有することで、より良いイメージを構築することを目的としたものである。おもに社会における企業イメージの構築を行うために計画・実行されことが多いが、企業内でも価値の共有による従業員の意識向上、就職希望者の増加などの効

果が期待できるものであり、企業の個性化にも一役買っている。CI は多くの大手企業で取り入れられ、一部の大学や自治体でも CI は取り入れられたが、校名やロゴを変更する VI の変更に終わってしまった感が否めない。

　1960 年代以降、当時の高度経済成長による工業化の拡大と国土の乱開発によって自然・生活環境がひどく脅かされるようになり、こうした公害に対して、地域の住民が連帯して抗議するようになった住民運動が盛んになった。とりわけ反公害運動や大規模な地域開発を伴う幹線道路、空港、港湾、火力・原子力発電所、鉄鋼・石油化学コンビナート開発に対する住民運動が広く見られるようになった。また 1970 年代に入ると、従来の対立型の住民運動だけではなく、自治体などによっては、住民運動団体との対話・連携も進み、住民参画、住民による行政の監視機能のひとつとしての役割を担うようにもなった。さらには、「住民参加から住民自治へ」というスローガンに象徴されるように、住民の主権者意識を高める契機ともなっている。それらの住民運動の状況について三浦は「日本列島がドラスティックに改造され、そのなかでいわゆる住民運動が燎原の火のごとく燃え上がっている今日、行政体と住民、住民と住民の関係の全過程の表には、はっきりと矛盾や対立などの深刻な事態が浮かび上がっている［三浦恵次, 1974 : 38］」と、当時の住民運動の激しさを表現している。この 1970 年代に起きた住民運動について三浦は「多くの住民運動を検討してみると、公文書の公開の自由が多くのスローガンの一つとなっている。その背後には法制化だけではなく、もっと広く情報公開の自由にまでその要求は広がっている［三浦恵次, 1974 : 43］」と分析している。

　この住民運動の動きに触発されるように、地方自治体における情報公開制度が確立されはじめ、1982 年に山形県金山町が日本で初めて情報公開条例を定め、翌 1983 年には神奈川県と埼玉県が情報公開手続きに関する条例を定めている。つまりこの 1970 年から 80 年にかけて、自治体が住民に求められたのは、自治体の持っている情報の公開であり、自治体経営の透明性であったともいえる。その自治体経営の透明性に対して行政広報への期待と役割は大きいものであった。三浦は当時の行政広報の課題と役割について「今日の

行政広報に求められる課題は何であろうか。結論から先にいえば、"啓蒙型広報"からの脱皮であろう。昭和40年代、戦後自治は住民運動と連動して、その再生を図った。当初にあっては、"対話行政"に象徴されるように、啓蒙型首長であってもそれなりの価値があり、時代を拓く先駆者であった。しかし"対話から参加へ"というキャッチフレーズにみられるように、市民は参加の制度を目指して、最早善政とか啓発を期待していない。広報・広聴という行政面については"知る権利"の運動となって、情報公開条例の制定を迫られつつある。"お知らせ""啓発"の時代は過ぎ去りつつあり、市民が求める先端の要求は行政情報の公開である［三浦恵次, 1986：34-35］」と述べている。それらは行政だけではなく、一般企業でも同様の動きがあり、1960年代から70年代にかけた公害問題や企業不祥事等の発生を受け、企業も一市民としての行動や企業の経営の透明性の向上が求められた時代でもあり、それは多くの企業にとっても正しい情報開示としての広報活動であり、ディスクロージャーが求められることになったのである。

1-5　自治体外向け行政広報活動の時代

地方自治体の個性化に一役を買ったのが、大分県の全市町村で始められた地域振興運動である一村一品運動ではないだろうか。1979年に当時の大分県知事であった平松守彦により提唱され、各市町村がそれぞれひとつの特産品を育てることにより、地域の活性化を図ったのである。この運動の原点となったのが、旧大山町（現日田市大山町）が1961年から行っていたNPC（New Plum and Chestnut）運動といわれている。旧大山町は稲作に適しない山間地帯であることを逆に活かし、「梅栗植えてハワイに行こう」というキャッチフレーズの下、収益率が高く農作業が比較的楽な農作物を生産・出荷するほか、付加価値が高い加工品などを生産して出荷することで成功してきた。この成功に平松知事が着眼し、大分全体に広がる形になっている。「ローカルにしてグローバル」という標語のもと、全国、世界に通じるものをつくるという目標

を掲げ、住民の自主的な取り組みを尊重し、行政は技術支援やマーケティング等の側面支援に徹することにより、自主的に特産品を育てることができる人や地域を育てる"人づくり"や"地域づくり"を行った。また、付加価値の高い特産品を生産することによって農林水産業の収益構造の改善にも貢献をしている。一村一品運動は、大分県内に、シイタケ、カボス、ハウスミカン、豊後牛、関あじ、関さば、大分麦焼酎など全国に通用する地元のブランド商品を生み出している。「この運動は県外にも広がり、いまでは全国3300の自治体のうち、約7割が何らかの形で1村1品運動に取り組んでいる［猪狩誠也, 2011：216］」と、この運動の広がりについて述べている。これらの活動によって、これまで画一的であった自治体運営に少しずつ独自性や個性というのが生まれてきたのではないのだろうか。地域によって気候も違えば、適している作物も違う。すべての自治体が同じことを行うのは不可能であり、各地の個性がまた新しい自治体のイメージをつくっていくのである。当時は特産品などのモノにフォーカスしたものではあったが、地域独自のモノブランドを生み出すことで、他自治体との差別化を図り、そしてそれを付加価値として多くの取引を行うことで、自らの自治体が潤うことになるのである。経済的なメリットはもちろんだが、1村1品運動のメリットとして猪狩は「実績を挙げている地域には、やる気のあるグループが例外なく育っている。行政主導の運動は長続きしていない。地域おこしはつまるところ、人づくりであるといわれているが、その言葉の意味を改めてかみしめたい。運動がいま直面している一番の悩みは流通問題だろう。元祖となった大分県では、県内58市町村で延べ258品目の特産品が開発され、総販売額も900億円を超えた。10億円以上の特産品も麦焼酎、竹細工など16品目にのぼる。先月には、県などの肝いりで「大分1村1品株式会社」が設立された。特産品を開発しても、売るところがないという県民の不満にこたえ、本格的な販路開拓に乗り出すのだという［猪狩誠也, 2011：217］」と述べ、これらの地域おこしの運動が地域の人づくりにかなりの成果があったことを述べている。他の自治体の成功事例をまねるだけではなく、その地域でしかできないことを考え、実

行していくことが大切なのであり、そのようなことができる人材が育っていることは大きな意味を持っているのである。大分県の例でいえば猪狩も述べているように、自治体として特色のあるモノはつくることには成功してきているといえる。次はそのモノをどのように市場に対して販売するかということに尽きるのだが、その市場への販売を考えていく事が、つまりマーケティング戦略になるのである。モノをつくり、そしてそれをマーケティングアプローチで販売につなげるというのは、どのような企業も行っている基本だからである。詳細は後述するがコトラーの言葉を借りれば、大分県は「製品志向」的な考え方から、「販売志向」的な考え方への移行の最中といえるだろう。

また製品的な自治体ブランディングが始まったころと時を同じくして、1980年代に入ると自治体の観光広報的な要素が誕生する。国による観光政策の歴史は明治時代まで遡ることができ、1893年には東京商工会議所内に外国人の観光案内施設として「喜賓会」が設置されている。また戦後の1945年には東亜交通公社を日本交通公社に改正し、「外客誘致」のための組織と位置付けられている。このように国として行政が観光を積極的に推進してきていたのだが、自治体における観光政策としては、1987年に制定された総合保養地域整備法がひとつのきっかけになったのではと考えている。武庫川女子大学の盛山正仁は同法について、「国民の余暇増大への対応、新しい地域振興策の展開、内需主導経済構造への転換を目的としている。複数の市町村からなる良好な自然条件を備えた地域における整備措置を講じるものである［盛山正仁, 2011：72］」と述べている。また藤田健は「遡ると1980年代には目的地マーケティングや地域の観光マーケティングという名称で、地域観光振興を目指したマーケティングが研究されてきた［水越康介、藤田健, 2013：20］」と著書の中で述べ、自治体の観光誘致活動が活発化してきたことを表している。元運輸省観光交流部長の進藤敦丸は「地方公共団体は、個性的で魅力あふれるふるさとづくり、まちづくりの一環として総合的な観光振興を進めており、（中略）観光振興のための各種キャンペーン活動等具体的な施策を積極的に展開しており、国はこれらの施策に支援、協力をして、地域における観

光の振興を図っている［進藤敦丸, 1999：13］」と当時、国と自治体が共同して、観光誘致、観光キャンペーンなどの観光広報に力を入れはじめた様子がうかがえる。

同様に「目的地マーケティングは、地域の人々が観光目的地なる場所(地域)を観光客にアピールし、来訪を促す活動である。観光地において目的地マーケティングの中心的な役割を担う組織は目的地マーケティング組織（DMO）と呼ばれる。DMOの中でも、市町村といった地理的範囲で、地域の観光振興と目的地マーケティングを行う組織を地域観光組織(RTO)と呼ぶ。具体的には、市町村にある観光協会を思い浮かべてもらうと良い［水越康介、藤田健, 2013：20］」と述べて、多くの自治体で観光協会など、観光誘致のための組織が誕生していることを表している。

従来の行政広報が担ってきたものが自治体内の住民を対象とした内向きの広報活動とすれば、大分県で始まった地元産品の県外輸出的な考え方や、自治体の観光客誘客のための観光広報などは、外向きの広報活動と捉えることができる。つまり、1970年代の終わりから1980年代にかけて、自治体の外部向け広報活動が始まったといえる。筆者が主要紙を中心に調べたところ、シティセールスを日本で最初に行ったのは横浜市で、1988年4月16日付けの日本経済新聞によると、1988年4月20日から5月1日にかけて、西独と英国の4都市に「横浜シティセールス団（団長・宮原宏一郎助役）」を派遣している。目的はみなとみらい（MM）21事業のほか、港北ニュータウン、白山ハイテクパークなど大規模開発拠点をPRし、欧州企業の進出を働きかけることで、産業広報が中心になっているといえる。組織化という意味では、1995年9月15日付けの朝日新聞に1989年には福岡市の東京事務所がシティセールス担当課長を任命し、アジアの拠点都市を目指してイベント誘致などの売り込みを行っているという記事が掲載されている。つまりシティセールスは海外企業の誘致やイベント招致などを目的とした外部向けの広報活動が発展したものといえる。

1-6 観光型行政広報活動の時代からシティプロモーションの時代へ

シティプロモーションについては、1996年2月24日付けの日本経済新聞によると、大阪市が1996年2月23日に発表した96年度当初予算案に盛り込まれた「国際集客都市づくりの関連事業」に「シティプロモーションを行い、海外での観光宣伝活動を本格化する」という記載があることから、大阪市が行った海外向け観光広報活動が「シティプロモーション」を国内の自治体で初めて使用した例といえる。つまりシティプロモーションは観光広報の一環として生まれたのである。組織としての取組みとしては、1999年10月29日付けの日本経済新聞に、1999年11月1日に「歴史や文化のほか、長期計画など市の全体像を全国に売り込むことで、市の知名度の向上を通じて企業や観光客、スポーツ大会、国際会議などの誘致につなげる」事を目的に和歌山市がシティプロモーション推進課を設置していると記されている。つまりシティプロモーションも先述したシティセールスと同様に、海外に日本の自治体を宣伝することからスタートしているといえる。

観光広報を実施することについて藤田は、「観光による地域活性化は、地域の住民や企業が協力して観光客を呼び込み、ホスピタリティを提供することによって地域経済の改善を目指す活動である。例えば、2000年代初頭に提案された観光まちづくりは代表的な地域活性化策のひとつであろう［水越康介、藤田健, 2013：22］」と述べ、自治体と地元の企業などが協力をして、観光広報を推進することで、街づくりや街の活性化が進められてきたことを示している。

1-7 インターネット時代の行政広報活動

時代の変遷とともに情報メディアも変化を遂げ、1990年代後半からは広報ツールのひとつとして、インターネットが台頭する。経済広報センターの

実施した企業の広報活動に関する意識実態調査によると1993年にはホームページを開設している企業はわずか36％（第5回調査）であったが、1996年になると95％（第6回調査）の企業が開設済みという状況へと飛躍的に増えた。これは1995年に販売されたWindouws95を発端に、一般におけるパソコンとインターネットの垣根が急激に低くなったからではないのだろうか。またインターネットの利用スタイルにおいても、従来の従量課金制から定額固定制に移行し、常時接続が一般化したことも大きな要因として挙げられるだろう。多くの自治体でもホームページの開設が行われ、自治体ホームページ調査プロジェクトが行った2003年度 自治体ホームページ調査結果報告によれば、2003年時点で3202自治体（未開設は51町村）とほぼすべての自治体でホームページが開設されている状況である。そんなインターネット時代の自治体広報に先鞭をつけたひとりが元三重県知事の北川正恭ではないだろうか。北川県政は2002年には急速に発展・普及しているインターネットを活用して、県政の施策展開の方向や県民の身近なテーマ等について電子会議室を設け、県民がいつでも自由に意見を述べ、議論に参加できる新たな県民参画の場としての「三重e-デモクラシー」プロジェクトを開始した。猪狩はその北川県政について、「北川の三重県政は、IT時代の到来を踏まえ、その基本的性格であるリアルタイム（同時）性とインタラクティブ（双方向）性を活かし、県民を巻き込んだ地域経営の在り方を模索しようとするものだった。その為には徹底した情報公開が出発点となる。県庁の持つ情報を公開し、透明な組織と透明な運営をすることで、県民の県政へのアクセスを可能にするとともに、県民の主体的な参画への道を開くものであり、その際、NPOは重要なパートナーとなる。［猪狩誠也，2011：260］」とインターネットを通じた情報公開と透明性の確保について高く評価をしている。早稲田大学の井熊均も自治体のホームページについて「行政サービスの付加価値を向上することもできる。例えば、ホームページを通じてご家庭への情報提供機能を高めることも可能だし、双方向性を活かして、生涯学習などの機能を向上することもできる。また、ホームページを介することで、これまで手がつけられなかった

サービスを実現することもできるようになる［井熊均, 2003：54］」と述べ、自治体広報においてホームページが大きな役割を果たせる可能性があることを示唆している。神戸市広報課職員の松崎太亮は「自治体のインターネット利用は、究極的には住民の福祉に資するためでなければならない。インターネットは活用次第で、マスにもなり、ミニにもなるメディアである。特にマスメディアでは表現しえない、きめ細かな情報を発信できる。従って一部の人々の為だけではなく、住民が等しく利用できることを念頭に置いて展開する必要がある［松崎太亮, 1996：28］」と述べている。松崎が述べているように現在はまだホームページも自治体内での活用が目立っている状況である。ホームページが自治体内で活用されるのであれば、井熊は自治体のホームページに整備するべき機能として「ホームページが住民との接点としての機能であるなら、第一に向上しなければならないのは検索性である。ホームページにアクセスした人が知りたい情報や機能に容易にたどり着けることが第一だ［井熊均, 2003：54］」と述べている。しかしただ開設しただけという自治体も多く、前述した自治体ホームページ調査プロジェクトの調査結果によれば、開設のきっかけについて、一般市の55.6％、大都市でも35.4％が、全国的に多くの自治体がホームページを開設したためと答えており、半数近い自治体が他自治体に追随して開設している状況といえる。またホームページにおける重点分野についても大都市、一般市ともに1位と2位に「行政からのお知らせやニュース（大都市94.9％、一般市98.0％）」、「イベントや生活関連情報（大都市79.7％、一般市83.9％）」などが挙げられており、従来広報紙に掲載されていた情報をホームページに掲載するだけの自治体が多く、自治体にとっては広報紙のWeb版という認識が強いことが分かる。つまり現在の自治体ホームページは情報発信機能が中心となってしまっているのである。

　自治体のホームページが広報の縮図だとするならば、情報の提供や検索性は狭義の広報活動だといえる。行政広報のもうひとつの柱は広聴であり、ホームページにおける双方向性である。インターネットによる情報公開は従来の広報活動とは一線を画し、瞬時に膨大な情報を幅広く伝えることができる点

にメリットがある。だがインターネットによる情報公開のもっとも大きな弱点は、その情報を必要とする人間が主体的に取りに行く必要があるプル型である点である。つまり自治体からすれば、インターネットに載せた時点で情報公開が終わったといえるのだが、必要な人間のみに利用が限られ実際にはほとんどの住民がアクセスしないホームページに価値はなく、全戸配布を基準とした広報紙と比較しても情報の到達度自体は低いといえる。そういう意味では伝わったかどうかは別として、情報を公開したという事実のみを重要視する自治体の利害と一致し、インターネットの普及に伴いホームページを開設し、そこに多くの情報を掲載する自治体は今でも多いともいえる。また川崎市や堺市、さいたま市など、現在では多くの自治体でインターネットによる議会の生中継を行っている。開かれた議会、住民からの見える化として、良い取り組みではあるものの、その存在はあまり知られていないのが現状なのではないのだろうか。やって（公開して）終わりではなく、どれぐらいの人が議会の中継（録画も含む）を見たのか、どれぐらいの人が意見を述べるなどの参加したのかなどをひとつの指標にすることで、自治体における新たな住民向け広報として、大きな価値を生み出すものと考えられる。また井熊も自治体のホームページの問題点として、「双方向的な機能の必要性に対する意識が低いことだ。パブリックコメントや政策面での議論を行う電子会議室の機能整備も遅れ気味［井熊均, 2003：54］」と、情報の発信は行っているものの、現在の自治体ホームページでは広聴的な住民の意見を吸い上げることが弱いことを示している。これは先述した行政広報の歴史と同じなのではないだろうか。つまり自治体は情報を発信することは得意だが、意見を聞く広聴は媒体が変わったとしても苦手だといえるのかもしれない。インターネットはただ広報媒体が紙からWebに変化しただけでは終わらないと考えている。先述した双方向性はひとつのインターネットの活用による可能性であるし、もうひとつインターネットには世界中どこからでも見られるという大きな特徴がある。これまで自治体内に行かなければ手に入らなかった情報が、世界中のどこからでも手に入るということは、自治体情報を入手するための一番の壁

である距離の壁がなくなり、情報がシームレスな環境になるということである。それは自治体内だけではなく、自治体外の人々に対しても、容易に情報発信が可能になったことを示している。つまりホームページが、媒体特性として従来の広報紙ともっとも大きく違うのは、情報を容易に自治体外に発信できることなのである。だからこそ、行政広報として、その媒体特性を活かすことが求められるのである。

1-8 都市間競争時代の行政広報活動

だがインターネットの台頭だけでは自治体における大きな変化とはいえないだろう。それよりも大きいのは都市間競争的な考え方である。河井は現在の自治体がシティプロモーションを必要とする3つの環境要因［河井孝仁, 2011：5］として、「財政的な課題（三位一体の改革）」、「平成の大合併（新自治体に対する帰属意識、参画意識の欠如）」、「趨勢としての少子高齢化（生産年齢人口の減少）」を挙げている。河井の挙げている3点がすべてではないにしろ、この3点が各自治体のシティプロモーション実施の動機のひとつになっていると考えられる。とくに前者の2つに共通するのは地方分権化の流れであり、その発端となったのは2000年4月に成立した地方分権一括法ではないのだろうか。この施行により中央集権を司ってきた国などから市町村長などの地方公共団体機関に事務が委任される機関委任事務は廃止となり、これにより自治体自体に関係のない業務の削減、また自治体独自のサービスが可能になったのである。そして2001年の三位一体の改革によって、国から地方へ財源の移譲が行われたことによって、自治体の独自性が増すことになったのである。しかし逆に補助金が減り、自治体の独自性が増すことによって、行政サービスを維持・実行するために自治体には一定以上の規模を求められるようになったのである。その手段のひとつが、1999年から2006年にかけて行われた平成の大合併であろう。この合併により全国に3234あった自治体は1821まで減り、自治体自体の規模が大きくなった。それによって、旧来的な住民

は自治体に対する愛着が薄れ、また肥大化した行政サービスを維持するためには新たな財源を増やすことが必要となったのである。そのために広報機能を強化することで自治体内の住民の誇りや愛着を高めるとともに、外部からヒトや企業の誘致が必要になったのである。そんな中いくつかの先進的な自治体は、対外的なプロモーション活動を自治体外に向けて行うようになったといえるのではないだろうか。

　自治体の対外的な広報活動のはしりは1980年代から始まった観光広報であろう。そしてもうひとつは企業誘致などの産業広報である。だが自治体の観光広報は観光課、企業誘致などの産業広報は産業課や政策課、住民向けの広報は広報課や秘書課など、これまで組織の縦割りで対外向けの広報活動が行われてきている。つまり自治体の行っていた"行政広報"は、組織別に行政の情報を住民に伝える狭義の広報と住民の意見を聞き行政策施策に活かす広聴、そしていわゆる企業でプロモーション（宣伝）と呼ばれるマーケティング活動（観光広報など）のすべてを包含して行われてきたといえる。そしてプロモーションのひとつの発展型として、シティセールスやシティプロモーションという概念が生まれ、現在多くの自治体で実践され始めているといえる。つまりシティプロモーションは、広報組織が行ってきた住民向けの旧来的な行政広報とは別の形で、発展してきた行政広報のひとつの形ともいえる。

第2節　自治体視点による行政広報活動の現状

2-1　自治体視点による行政広報活動の現状

　前節では広報の歴史を振り返り、戦後の自治体における行政広報の成り立ちから現在多くの自治体で取り組んでいるシティプロモーション活動に至る行政広報の発展について述べた。本節では公益財団法人日本都市センターが2012年に行った「図3　自治体広報に関する調査」をもとに、日本の自治体における行政広報の現状を考察したい。まず本調査においては、810の市区の広報担当課長に対して調査票を送付しているが、回答したのは478自治体、回答率は59％である。個人ではなく財団法人が行っている調査で、広報担当課長宛に依頼を行っているにも関わらず協力率が約6割というのは回答率が低すぎるといえるのではないだろうか。政令市や中核市では回答率が9割を越えているものの、一般市にいたっては半分程度という状況である。現在の広報に求められる役割としてパブリックリレーションがあるが、社会とのリレーションも広報の大切な役割であるとするならば、少し広報担当としての意識が低い結果といえるのではないのだろうか。

　本題であるアンケート結果から現在の自治体広報の現状を探っていく。アンケートのQ2「貴市の広報担当部署の役割は、以下のどれですか。」という質問に対する回答で一番多いのが、「広報媒体の管理（99.4％）」である。つまり広報担当者としてもっとも大切な役割は、既存の広報媒体の管理であり、そして続くのがメディア対応やパブリシティの獲得（91.8％）である。この2つが自治体の広報担当者が行っているおもな業務ということになる。詳細については4節で述べることとするが、民間企業の広報などでは対外広報と同じぐらい重要といわれている「庁内広報などの組織内リレーション活動」が

23.8％というのは低すぎる結果であるといえる。

　また広報担当者のメインの業務である広報媒体について尋ねている設問のQ7「貴市では、どのような広報ツールを活用していますか。」の回答によると広報紙（99.8％）や公式ホームページ（99.8％）、パブリシティ（96.0％）などが95％を越えほぼすべての自治体で採用されていることから、この3つの媒体が自治体広報の3種の神器ともいえる。また半数以上の自治体で活用されているツールとしては、職員による出前講座（74.9％）、自治会等への回覧板・地域の掲示板（73.6％）、チラシ（66.1％）、広報テレビ・ラジオ番組（63.8％）、ポスター・広告塔（60.9％）、メール配信サービス・メールマガジン（57.5％）、首長記者会見や議会中継等の動画コンテンツの配信（52.7％）などの多くの媒体が挙げられている。今回の設問は複数回答可能であるので、それぞれの選択肢の回答率を合計する（マルチトータル値＝864.6％）と、1市あたりの平均回答数となり、各市は平均して約8.6種の広報媒体を保有・活用していることになる。次にQ8で「現在活用している広報ツールの中で、貴市の広報事業の中心、または柱として位置づけられるツールは何ですか。Q7「貴市では、どのような広報ツールを活用していますか。」で回答した選択肢の中から、優先度の高い順に3つまで選んで、番号を記入してください。」という設問があり、平均8.6種の広報ツールの優先順位を聞いたところ、広報紙、公式ホームページ、パブリシティが上位3位である点は変わらなかった。しかし約75％の自治体で実施されている「職員による出前講座」は0.2％と、「自治会等への回覧板・地域の掲示板」や「広報テレビ・ラジオ番組」と比較して、極端に優先度が低いことがわかる。つまり「職員による出前講座」については、多くの自治体で実施はしているものの優先度は低く、力が入っていない現状がわかる。つまりこの施策は、とりあえずやっているだけの施策といえるのではないだろうか。

2-2 自治体視点による行政広報活動のターゲットと戦略

　Q10で「広く市民一般に伝える広報において、特に優先して意識する広報ターゲットを設定していますか。」という質問に対して、広報ツールのターゲットを設定している自治体はわずか5%にとどまっており、平均約8.6種と数多くの広報ツールを制作・発行しているにもかかわらず、政令市などの大都市も含めほぼすべての自治体がターゲットをまったく意識せずに広報ツールを制作している状況が伺える。広報の根幹である伝えたい相手がなにも意識されていない状況には驚きを隠せないと言わざるを得ない。

　またQ10のターゲットと同様に、何をどのように伝えていくべきかという広報の戦略立案について、Q14の「貴市では、市全体の広報に関する戦略や計画、指針など（以下「計画」という）、市広報全般のあり方を規定する基本的な枠組みを明文化し、策定していますか。」という質問では、現在広報戦略・計画を制定している自治体は1割にも満たないわずか40自治体（8.8%）であり、また今後の制定予定について尋ねても7割以上の自治体が制定する予定もないということで、ターゲットも含めて多くの自治体で戦略的・計画的に広報が行われていない実態が浮き彫りとなった。また戦略や計画を制定していると回答をした40自治体でも、そのうちの約3割の自治体は総合計画の一部に広報プランが含まれているものや、広報紙の発行に関する規定となっており、広報全体の戦略や計画を行っている自治体は27自治体（5.6%）という状況である。またQ26の「ソーシャルメディアの活用も含めて、広報についての効果測定を何らかの方法で行っていますか。」という質問に関しては何らかの効果測定を行っている自治体は約3割で、7割弱の66.1%の自治体が広報効果について、何の効果測定も実施していないというのが現状である。

　つまり自治体における広報の現状は大多数の自治体において戦略や計画も策定されず、ターゲットも明確にしないで、効果についても測定されていない。つまり広報活動を戦略的に実施しているのではなく、ひとつの業務とし

て、昔からやっているからやっている意識なのであろう。住民が住民票を取りに来たから渡すような感覚で、流れ作業的に広報紙を制作する、またメディアの対応を行う、何かニュースがあったのでホームページを更新するという作業となってしまっていることが伺える。担当者がその精神で制作している広報ツールは読み手にとっても、伝わらないものになってしまうのではないだろうか。つまり現在の自治体における広報担当職員は広報紙などの広報ツールのみをつくることに専念をしている作業屋さんになってしまっているのが現状なのである。だからこそ、過去から蓄積されてきた広報ツールの取捨選択もできていないため、8.6種類という多い広報ツールを目的も、伝えたい内容も、相手も分からぬまま制作し続けてしまっているのであろうし、そもそも7割を超える自治体で、実施した広報施策や広報媒体の評価をしていないのが現状であるから、広報媒体を取捨選択しようにも、そのきっかけや基準がないのである。

2-3　自治体視点による行政広報活動の課題

　作業的な広報活動に陥ってしまっている状況を自治体自体も憂いているのか、Q13の「貴市全体の広報において、どのような課題がありますか。」という設問では多くの自治体が自治体広報における課題として、「職員全体において、広報に必要な知識・スキルなどの専門性の育成が不足している（53.6%）」、「実施した広報についての効果を客観的に評価できない（50.0%）」、「市職員全体において、広報の重要性に対する認識が不足している（49.2%）」、「広報部門の人員が不足している（46.4%）」、「都市イメージの向上やシティセールス（プロモーション）の展開に関する知識・ノウハウが不足している（43.3%）」、「広報の目的やターゲットが意識化されず、広報がルーチン化している（40.8%）」などの回答が上位に挙げられている。つまりひとつは職員に対する広報マインドの醸成ができていないこと、そしてもうひとつは広報に関するノウハウや人材がいないことが課題として認識はされているのである。そして結果と

して、広報業務がルーチン化していることも約半数の自治体が課題として認識をしているといえる。本来的には、課題が浮き彫りになっている状況なのだから、実際に改善に向けて対応を行っていくべきではあるのだが、たとえば職員に対する広報マインドが不足しているという課題に対する解決策は、職員に対する組織内広報（庁内広報）であると考えるが、Q2 の「貴市の広報担当部署の役割は、以下のどれですか」という設問に対して「庁内広報などの組織内リレーション活動」の実施については、約 2 割の自治体しか役割と考えていないのが現実である。また広報担当職員に対する広報スキル不足という課題も多くの自治体で挙げられているが、その解決策は広報スキルのある人材の新規の登用か、現担当者のスキルアップが重要であるはずであるが、Q16 の「貴市では広報担当部署以外の事業課の職員に対して、広報スキルや広報マインドの向上のために庁内で研修や勉強会を実施していますか。」という質問に対して、研修を実施しているという回答は約 3 割の 30.5% の状況であるし、Q17 の「貴市では、広報監（官）や広報アドバイザーなどの広報分野を専門とする職員を配置していますか」という設問に対して、「配置している」と回答した自治体はわずか 6.3% であり、「過去に配置したことがある」を含めても 10.6% という状況である。また今後の配置の予定もないと回答している自治体が全体の約 9 割を占めている状況である。同様に Q18 の「貴市では、民間の広報経験者や広報コンサルタント、あるいは学識者などの民間出身者を、広報担当部署（もしくは報道など広報業務に関係する部署）に採用していますか。」という設問に関しても Q17 と同様に 9 割の自治体でその予定はないと回答しており、外部から広報経験や能力のある人材を登用する予定も、研修などによって広報能力を高める予定もないという状況が伺える。

　ではなぜこのようなことになってしまっているのかというと、やはり公務員という独特の社会と文化があるからであろう。新卒採用時に筆記試験などによって採用され、中途採用がほとんど行われない公務員の世界においては、民間や外部から広報や宣伝などのスペシャリストを採用しようという意識がそもそも薄いということが考えられる。またスペシャリストを育てるという

よりも、ゼネラリストを育てていく文化があることも、このような状況をつくりあげている原因のひとつだといえる。法政大学の林奈生子が行ったX区に対する聞き取り調査では「幹部職員の61％が、過去5回の異動で3部から4部を異動した。(省略)つまり統括課長の半数は、各部横断的に1年半に1度異動した［林奈生子，2013：108］」と自治体の異動の状況について触れている。また同著で林は「事務の継続性がある異動が164件であり、事務の継続性がない異動が346件だった［林奈生子，2013：113］」と述べている。つまり自治体においては、多くの職員が定期的に異動を行っており、また事務の継続性のない異動が多いことから、その分野におけるスペシャリストが育たない、もしくはそのようなスペシャリストを育てる意思が自治体組織内にはないということがいえるのではないだろうか。これまで総務や財務を担当していた人間が突然広報の課長としてやってきても、経験のない分野では指示がしにくく、また経験が少ない分野では、新しいことも模索がしにくい。また数年で異動してしまうことを考えると、これまでやってきたことを継続的にやっていくことが精いっぱいであると同時に、大過なく過ごすことが一番であると考えるのも自然であるといえるであろう。とくに頑張っても評価をされず、ミスをすれば出世が遅れるという公務員の独特の社会の中では、人であればそのような行動になってしまうのも理解ができる。しかし、だからこそ引き継ぎや継続性も含め、広報戦略や計画をきちんと立てて、目標などを明確化しておくことがもっとも大切であると筆者は考えている。民間企業で広報や宣伝などのコミュニケーション業務に携わってきた筆者にとってコミュニケーションとは何かと尋ねられれば、"思いの違う互いをつなぐ架橋となるべきもの"と思っている。広報とは自身の組織と相手とを上手く結んであげるのが仕事であり、自身の組織が伝えたいことを、伝えたい相手に分かりやすく伝えることが大切なのである。広報紙などの広報ツールはそのための手段にすぎないのである。時と状況を考え、相手に伝わる為の広報ツールを取捨選択、新規に企画・制作することも広報担当者の技量であると考えている。

第1章　自治体における行政広報活動

図3　自治体広報に関する調査（478市区のアンケート調査結果）

〈調査概要〉
(1) 調査対象　　810市区の広報担当課長
(2) 調査期間　　平成24年9月23日〜10月9日
(3) 調査時点　　平成24年4月1日
(4) 調査方法　　郵便発送、電子メール・郵送・ファクス回答
(5) 回収率　　　478市区（59.0％）＊
(6) 調査項目　　下記のとおり

＊都市制度・人口規模別では、政令市18市（90.0％）、中核市39市（95.1％）、特例市29市（72.5％）、人口10万人以上の一般市107市（64.5％）、人口10万人未満の一般市267市（51.3％）特別区18区（78.3％）。
人口は平成22年10月1日国勢調査人口に基づく。

1. 組織内において広報担当部署の属する部門

Q1　貴市において、市全体の広報活動を所管する部署（以下「広報担当部署」という）は市組織内のどの部門に属していますか。（もっとも近いもの一つ）n＝478

1	総務・秘書・市長公室部門	58.2％
2	政策企画・調整部門	36.8％
3	市民生活・協働部門	3.1％
4	その他（情報管理部門や観光部門など）	1.7％
（無回答）		0.2％

2. 広報担当部署が担う役割

Q2　貴市の広報担当部署の役割は、以下のどれですか。
　　　（あてはまるものすべて）n＝478

1	広報紙等の広報媒体の管理・運用	99.4％
2	庁内広報などの組織内リレーション活動	23.8％
3	パブリシティ（マスコミ等への情報提供など）の推進	91.8％
4	シティセールス・シティプロモーション活動	24.1％
5	他部署の広報に対する支援・協力	70.3％
6	平常時におけるリスク情報の収集	16.1％
7	危機事案発生時における危機管理情報の収集・発信	48.3％
8	その他（記述：情報公開制度、HP管理運営等）	4.2％

3. 広聴担当部署と広報担当部署との関係

Q3　貴市の広聴を担当する部署は、広報担当部署とどのような関係にありますか。
　　　（いずれか一つ）n＝478

1	同じ課（課に相当するセクション）である	77.2％
2	課は異なるが、Q1で答えた部門は同じ	6.9％
3	課が異なり、Q1で答えた部門も異なる	12.6％
4	その他	3.1％
5	広聴を担当する部署を設けていない	0.2％

4. 報道対応担当部署と広報担当部署との関係

Q4　貴市の報道対応を担当する部署は、広報担当部署とどのような関係にありますか。
　　　（いずれか一つ）n＝478

1	同じ課（課に相当するセクション）である	88.9％
2	課は異なるが、Q1で答えた部門は同じ	1.5％
3	課が異なり、Q1で答えた部門も異なる	2.9％
4	その他	2.9％
5	報道対応を担当する部署を設けていない	3.4％
（無回答）		0.4％

5. シティセールス（プロモーション）担当部署と広報担当部署との関係

Q5　貴市のシティセールス（プロモーション）を担当する部署は、広報担当部署とどのような関係にありますか。
（いずれか一つ）n＝478

1	同じ課（課に相当するセクション）である	19.0%
2	課は異なるが、Q1で答えた部門は同じ	9.6%
3	課が異なり、Q1で答えた部門も異なる	29.3%
4	その他	7.1%
5	シティセールスを担当する部署を設けていない	34.1%
（無回答）		0.8%

6. 広報担当部署の職員数

Q6　貴市の広報担当部署の職員は何人ですか。以下の分類ごとに下線部に具体的な人数を記入してください。なお、Q3～5で広聴・報道対応・シティセールスの担当が、広報担当部署と「1　同じ課」であると回答した場合は、広報・広聴・報道対応・シティセールスの業務ごとに、担当する人数の内訳もご回答ください。

管理職（課長級）

	政令市	中核市	特例市	10万人以上の一般市	10万人未満の一般市	特別区
0人	0	1	0	2	21	0
1人	9	33	24	97	232	16
2人	7	4	3	8	12	1
3人	2	1	2	0	2	1

監督職（課長補佐・係長）

	政令市	中核市	特例市	10万人以上の一般市	10万人未満の一般市	特別区
0人	1	0	2	0	17	0
1人	0	7	8	52	164	0
2人	4	9	12	31	68	1
3人	3	17	5	17	7	8
4人	3	5	2	4	9	5
5人	2	1	0	1	2	1
6人以上	5	0	0	2	0	3

一般事務職員

	政令市	中核市	特例市	10万人以上の一般市	10万人未満の一般市	特別区
0人	0	0	0	1	8	2
1人	0	0	0	6	68	0
2人	0	3	2	20	95	0
3人	0	2	3	29	54	0
4人	0	1	8	23	22	1
5人	2	9	3	13	12	0
6人～10人	8	23	13	14	7	10
11人以上	8	1	0	1	1	5

第1章 自治体における行政広報活動

7. 活用している広報ツールの種類

Q7 貴市では、どのような広報ツールを活用していますか。	
（あてはまるものすべて）n = 478	
1　広報紙	99.8%
2　公式ホームページ	99.8%
3　広報テレビ・ラジオ番組	63.8%
4　ポスター・広告塔	60.9%
5　チラシ	66.1%
6　自治会等への回覧板・地域の掲示板	73.6%
7　職員による出前講座	74.9%
8　パブリシティ（マスコミ等への情報提供など）	96.0%
9　マスコミへの有料広告	38.1%
10　メール配信サービス・メールマガジン	57.5%
11　動画コンテンツの配信（首長記者会見や議会中継等）	52.7%
12　デジタルサイネージ	25.3%
13　ソーシャルメディア（ツイッターやフェイスブックなど）	45.8%
14　その他（記述：防災無線やテレビデータ放送等）	10.3%

8. 活用している広報ツールの優先順位

Q8 現在活用している広報ツールの中で、貴市の広報事業の中心、または柱として位置づけられるツールは何ですか。Q7で回答した選択肢の中から、優先度の高い順に3つまで選んで番号を記入してください。

広報ツールの優先順位					
第1位		第2位		第3位	
広報紙	443 (94.9)	公式ホームページ	395 (84.6)	広報テレビ・ラジオ番組	103 (22.1)
				ポスター・広告等	11 (2.4)
				チラシ	11 (2.4)
				自治会等への回覧板・地域の掲示板	46 (9.9)
				職員による出前出張	1 (0.2)
				パブリシティ	185 (39.6)
				マスコミへの有料広告	1 (0.2)
				メール配信サービス・マガジン	15 (3.2)
				ソーシャルメディア	15 (3.2)
				その他	7 (1.5)
		広報テレビ・ラジオ番組	19 (4.1)	公式ホームページ	15 (3.2)
				パブリシティ	2 (0.4)
				ソーシャルメディア	1 (0.2)
				その他	1 (0.2)
		チラシ	2 (0.4)	公式ホームページ	1 (0.2)
				パブリシティ	1 (0.2)
		自治会等への回覧板・地域の掲示板	3 (0.6)	公式ホームページ	2 (0.4)
				チラシ	1 (0.2)
		パブリシティ	22 (4.7)	公式ホームページ	17 (3.6)
				広報テレビ・ラジオ番組	4 (0.9)
				自治会等への回覧板・地域の掲示板	1 (0.2)
		ソーシャルメディア	1 (0.2)	パブリシティ	1 (0.2)
		その他	1 (0.2)	公式ホームページ	1 (0.2)
公式ホームページ	13 (2.8)	広報紙	11 (2.4)	広報テレビ・ラジオ番組	2 (0.4)
				自治体等への回覧板・地域の掲示板	3 (0.6)
				パブリシティ	6 (1.3)
		広報テレビ・ラジオ番組	1 (0.2)	広報紙	1 (0.2)
		パブリシティ	1 (0.2)	広報紙	1 (0.2)
広報テレビ・ラジオ番組	2 (0.4)	広報紙	1 (0.2)	公式ホームページ	1 (0.2)
		マスコミへの有料広告	1 (0.2)	公式ホームページ	1 (0.2)
パブリシティ	8 (1.7)	広報紙	7 (1.5)	公式ホームページ	7 (1.5)
		公式ホームページ	1 (0.2)	広報紙	1 (0.2)
その他	1 (0.2)	広報紙	1 (0.2)	公式ホームページ	1 (0.2)
合計	467		467		467

9. ソーシャルメディアの普及による広報ツールの優先順位見直し

Q9 貴市では、ソーシャルメディアの普及に伴い、市で活用する広報ツールの優先順位を変更しましたか。
(いずれか一つ) n = 478
1　変更した　　　　　　　　　　　　　　　　　　　　　　　　　　　　　　5.6%
2　変更しなかった　　　　　　　　　　　　　　　　　　　　　　　　　　　93.9%
(無回答)　　　　　　　　　　　　　　　　　　　　　　　　　　　　　　　0.4%

第 1 章　自治体における行政広報活動

10. 優先して意識している広報ターゲットの設定

Q10　広く市民一般に伝える広報において、特に優先して意識する広報ターゲットを設定していますか。
（いずれか一つ）n = 478

1	優先するターゲットがあり、ターゲットに応じた広報を展開している	5.2%
2	優先するターゲットはあるが、具体的な対応はしていない	2.3%
3	優先するターゲットは設定していない	92.5%

11. 各部署からの広報素材の収集方法

Q11　貴市の広報担当部署は、各部署から広報の素材となる情報をどのように収集していますか。
（あてはまるものすべて）n = 478

1	広報紙やHPなどの広報媒体の作成時に情報収集している	91.8%
2	定期的な会議開催などで各課の広報担当者から収集している	18.0%
3	全庁の連絡網等を活用し定期的な照会を行い収集している	44.1%
4	特段には情報の収集をしていない	0.2%
5	その他	12.6%

12. 不祥事等発生時における情報集約発信の機能

Q12　貴市では、職員や業務の不祥事などの発生時に、関係情報を集約・発信するセンター的機能を、どの部署が行うことになっていますか。（いずれか一つ）n = 478

1	危機事案情報の集約から発信まで、すべてを広報担当部署が行う	3.8%
2	危機事案情報の集約は別部署が行い、広報担当部署はその所管部署と協議・連携しながら、マスコミ対応・情報発信などを行う	80.8%
3	危機事案発生時の情報の集約・発信に関して、特に定めはない	10.4%
4	その他	5.0%

13. 都市自治体広報の課題

Q13　貴市全体の広報において、どのような課題がありますか。
（あてはまるものすべて）n = 478

1	広報予算が不足している	22.2%
2	広報部門の人員が不足している	46.4%
3	首長や市幹部において、広報の重要性に対する認識が不足している	7.5%
4	市職員全体において、広報の重要性に対する認識が不足している	49.2%
5	広報担当部署の幹部職員において、広報に必要な知識・スキルなどの専門性の育成が不足している	7.9%
6	広報担当部署の一般職員において、広報に必要な知識・スキルなどの専門性の育成が不足している	27.6%
7	職員全体において、広報に必要な知識・スキルなどの専門性の育成が不足している	53.6%
8	意思決定の煩雑さなどの組織上の問題により、情報発信や対応スピードが遅くなる	19.5%
9	広報のネタとなる情報の収集・蓄積が不足している	32.6%
10	広報の目的やターゲットが意識化されず、広報がルーチン化している	40.8%
11	既存の広報ツールや方法では、行政が情報を届けたい市民層に情報が届かない（届きにくい）	18.2%
12	市民の市政に対する関心喚起、信頼性向上などにつながる広報ができない	14.2%
13	広報の計画やマニュアルが整備されていない	27.0%
14	実施した広報についての効果を客観的に評価できない（評価していない）	50.0%
15	都市イメージの向上やシティセールス（プロモーション）の展開に関する知識・ノウハウが不足している	43.3%
16	不祥事が発生した際の危機管理広報の重要性が認識されていない	12.8%
17	災害発生時における危機管理広報の重要性が認識されていない	11.3%
18	その他	2.5%
19	特段の課題はない	1.9%

14. 広報に関する戦略や計画、指針等

Q14　貴市では、市全体の広報に関する戦略や計画、指針など（以下「計画」という）、市広報全体のあり方を規定的な基本的な枠組みを明文化し、策定していますか。（いずれか一つ）n = 478
※「戦略や計画、指針等」とは広報全体の基本計画・指針を対象としており、報道対応ガイドラインなどの個別のものは除きます。

1　制定している	8.8%
2　制定してはいないが、今後制定を検討している	19.7%
3　制定していないし、今後制定する予定もない	71.1%
（無回答）	0.4%

15. 広報マニュアルや教本

Q15　貴市では、広報担当部署以外の事業課の広報に関して、マニュアルやテキスト（教本）等を策定していますか。（いずれか一つ）n = 478
※「マニュアルやテキスト等」とは、事業課広報のノウハウや具体的な方法を示したものを想定しています。広報担当部署の職員のみを対象とした業務マニュアルは除きます。

1　策定している	36.8%
2　策定はしていないが、今後策定を検討している	13.6%
3　策定はしていないし、今後も策定の予定はない	49.2%
4　その他	0.4%

16. 広報スキルやマインド向上のための研修

Q16　貴市では広報担当部署以外の事業課の職員に対して、広報スキルや広報マインドの向上のために庁内で研修や勉強会を実施していますか。（いずれか一つ）n = 478

1　実施している	30.5%
2　現在は実施していないが、過去に実施したことはある	6.7%
3　現在実施していないが、今後検討したい	28.0%
4　実施していないし、今後も実施の予定はない	34.1%
（無回答）	0.6%

17. 広報分野を専門とする職員の配置

Q17　貴市では広報監（官）や広報アドバイザーなどの広報分野を専門とする職員を配置していますか。（いずれか一つ）n = 478

1　配置している	6.3%
2　現在は配置していないが過去に配置したことはある	3.8%
3　これまで配置したことはないが今後配置を検討している	2.5%
4　これまで配置したことはなく、今後も配置の予定はない	87.0%
（無回答）	0.4%

18. 広報経験や学識者など民間出身者の採用

Q18　貴市では、民間の広報経験者や広報コンサルタント、あるいは学識者などの民間出身者を、広報担当部署（もしくは報道など広報業務に関係する部署）に採用していますか。（いずれか一つ）n = 478

1　採用している	5.6%
2　現在は採用していないが、過去に採用したことはある	2.5%
3　これまで採用したことはないが、今後採用を検討している	1.3%
4　これまで採用したことはなく、今後も採用の予定はない	90.2%
（無回答）	0.4%

19. 広報担当部署以外の部署が個別におこなっている広報を全庁的に把握する仕組みや取組み

Q19 貴市では、広報担当部署以外の事業課が個別におこなっている広報活動について、全庁的に把握する仕組みや取組みがありますか。（いずれか一つ）n = 478	
1　ある	15.1%
2　ない	84.1%
（無回答）	0.8%

20. 上記（Q14～Q19）以外の広報をマネジメントするための仕組みや取組み

Q20　これまでの質問にあったもののほかに、貴市において全庁的に自治体広報をマネジメントするための仕組みや取組みをおこなっていればご記入ください。（自由記述）n = 104

記述内容	自治体数
広報担当者の選定（会議や委員会による連携）	89
広報予算の事前協議	3
その他	15

21. ソーシャルメディア（公式アカウント・マスコット・市長）の活用状況

Q21　貴市では、自治体全体の公式アカウントやマスコットキャラクター、市長個人アカウントなどを開設し、ソーシャルメディアを活用していますか。（いずれか一つ）n = 478	
1　開設している（していた）	47.7%
2　開設していない	51.5%
（無回答）	0.8%

22. 上記（Q21）以外のソーシャルメディアの活用状況

Q22　自治体全体の公式アカウント、マスコットキャラクターのアカウント、市長個人のアカウント以外に、各部局・課室で開設されているソーシャルメディアのアカウントがありますか。（いずれか一つ）n = 478	
1　開設している部局・課室がある	26.6%
2　開設している部局・課室はない	64.9%
3　他の部局・課室の状況は把握していない（わからない）	7.1%
（無回答）	1.5%

23. ソーシャルメディアの活用に関するガイドラインや運用方針

Q23　ソーシャルメディア活用に関する「ガイドライン」や「運用方針」等は制定されていますか。（いずれか一つ）n = 478	
1　制定し、公開している	15.3%
2　制定しているが、公開していない	15.9%
3　制定していない	67.8%
（無回答）	1.0%

24. 今後のソーシャルメディアの活用方針

Q24　貴市では、自治体広報において、今後ソーシャルメディアをどのように活用していきたいと考えていますか。（いずれか一つ）また、その選択肢を選んだ理由についてもご記入ください。n = 478	
1　積極的に活用していきたい	43.3%
2　どちらともいえない	44.6%
3　あまり活用はしていきたいとは思わない	4.0%
4　その他	7.3%
（無回答）	0.8%

25. ソーシャルメディア上での自治体に関する情報の確認作業

Q25 ツイッターなどのソーシャルメディア上で、貴市についてどのような言及がされているか、検索等を利用して確認することはありますか。（いずれか一つ）n＝478

1	定期的に確認している	10.3%
2	定期的ではないが確認したことはある	41.6%
3	確認したことはない	46.7%
（無回答）		1.5%

26. 広報の効果測定

Q26 ソーシャルメディアの活用も含めて、広報についての効果測定を何らかの方法で行っていますか。（いずれか一つ）n＝478

1	ソーシャルメディアの効果を測定し、その他の広報媒体または広報全般についても効果測定している	3.6%
2	ソーシャルメディアの効果は測定しているが、その他の広報媒体または広報全般については効果測定していない	1.5%
3	ソーシャルメディアの効果は測定していないが、その他の広報媒体また広報全般については効果測定している	28.0%
4	広報の効果測定はしていない	66.1%
（無回答）		0.8%

出典：公益財団法人日本都市センター『日本都市センターブックレット No.32 都市自治体の広報分野における課題と専門性―478市区のアンケート調査結果を通じて―（2013年）』p.100-157

第1章　自治体における行政広報活動

第3節　住民視点による自治体の行政広報活動の現状

3-1　住民視点による行政広報活動の現状

前節では自治体視点による行政広報活動の現状について述べてきたが、本節では実際に自治体が行っている行政広報活動を受け手である住民の視点から考察していきたい。時事通信社が 2013 年 4 月に実施した「図 4 自治体広

図 4　自治体広報に関する世論調査

図 4-1　住まいの市区町村の広報や公開情報を見聞きすること

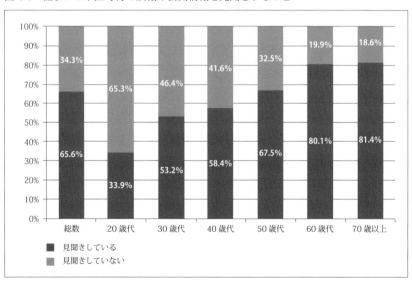

出典：一般社団法人中央調査社『中央調査報（No.669）(2013)』を基に筆者作成（アンケート上の「よく見聞きしている」「まあ見聞きしている」を「見聞きしている」、「あまり見聞きしていない」「まったく見聞きしていない」を「見聞きしていない」として表記）

報に関する世論調査」から、自治体広報の情報の受け手である住民の意識を探っていく。図4-1の「住まいの市区町村の広報や公開情報を見聞きすること」によると、住まいの市区町村の広報などの情報をどの程度見聞きしているかについて、「よく見聞きしている」、「まあ見聞きしている」を合わせた見聞きしていると答えた人の割合は65.6％であった。一方で「まったく見聞きしていない」と「あまり見聞きしていない」は34.3％であるので、約6割強の人は自治体の広報情報を受けていることになる。しかし年代別にみてみると、見聞きしていると答えた人の割合は年代が上がるにつれて高くなっており、20歳代では33.9％にとどまるが、60歳代以上では80％以上となっている。つまり全体の人の4割近くの住民が、また20歳代の住民に関しては7割ちかい住民が自治体からの情報に全く触れていないことになる。これは大きな課題であると考えられる。

現在の自治体が行っている行政広報の主な役割は、住民へ行政情報を届ける"お知らせ広報"と住民の民意を聴く"広聴"だということは先述したとおりである。しかし実際には、半数近い住民にその情報が届いていないのが現実なのである。つまり自治体は、広報紙に載せた、掲示板に貼ったことで、情報の伝達は終わったということにしているのである。つまり最終的に住民に届いているのか、いないのかを特に課題と捉えていないのは大きな問題であると考える。情報は発信して終わりではなく、相手に届いてこそ意味を持つからである。

3-2　住民視点による行政広報メディアの現状と課題

全戸配布のはずの受動メディアである広報紙があっても、情報が住民に伝達できていないのはなぜだろうか。ひとつは興味がなく、配布されても読んでいない住民がいるのも確かであろう。この点に関しては、興味がない住民でも読みたくなるような広報紙をつくることが自治体には求められているといえる。また自治体の広報紙を複数確認したところ「平等な情報提供」にこ

だわる傾向があるように見受けられた。とくに各部署からのお知らせを同じスペースで、同じようなトーンで掲載している広報紙が多く散見された。つまり広報紙に情報を詰め込み過ぎの状態となってしまっている上に、住民からするとどの情報が重要なのかが分かりづらい状態になってしまっているといえる。本来的には住民にかかわりが深いものや申請が必要なものなど、住民が行動を起こす必要があるものなどを目立つようにする必要がある。自治体のウェブサイトでも同様のことがいえ、情報量が多すぎて、必要な情報がどこにあるのかわかりにくいといった課題がある。

　また自治体の中にも同じことを課題として捉えている職員もおり、例えば「公益財団法人 大阪府市町村振興協会 おおさか市町村職員研修研究センター」が 2012 年に開催した「自治体広報のあり方研究会」で、吹田市の津田泰彦、豊中市の西岡良和、貝塚市の円地正記の 3 名が、「住民とのコミュニケーションツールとしての広報」と題して提言を行っている。そこで指摘されている課題は 3 点あり、そのうちの 1 つは「行政の発信する情報は住民の求める情報となっていない」というもので、「行政の行う広報の目的は、住民と行政との信頼関係を構築することにある。一方的に住民に情報を発信するのではなく、住民が求める適切な情報を適切な形態で提供しなくてはならない。しかし、現状では、主に「行政が知らせたい情報」を伝達するための手段として利用されており、「発信する情報（行政が知らせたい情報）」が「住民の求める適切な情報」と一致しているかについて疑問がある［おおさか市町村職員研修研究センター，2013：75-76］」と述べている。また 2 つ目としては「情報を周知することが目的になっている」として「広報する際、「広報をしたから」という担当者の安心や言い訳で終わってしまっている。多くの自治体では、単に発信しただけの「やりっぱなし広報」、発信したということを言い訳にする「アリバイ広報」といわれる状況に陥ってしまっている。「広報を行うことで何を伝えたいのか」というところまで考えられていないことが多い［おおさか市町村職員研修研究センター，2013：76］」としており、最後の 3 つ目として「住民から得られる情報の共有ができていない」として、「住民の意見や意思は、行

政運営にとって重要な要素となっているにも関わらず、それらを行政全体で共有する仕組みができていない、または持っていても機能していない自治体が多い。そのために住民の意思は関連部局のみでしか活用されず、行政全体でさまざまな住民の意思に基づく改善や見直しができていない。また、住民からすれば「意見を出したにも関わらず行政は何の反応もない」ということで、行政に対する信頼をなくす恐れもある［おおさか市町村職員研修研究センター, 2013：76］」と、行政と住民の関係に対する課題に対して危機感を抱いている状況が伺える。これらの課題は筆者が前述していることとほぼ同義であり、一部の自治体職員の中には同じような危機感を持ち、課題として捉えている職員がいることが分かる。

　これら1つ目、2つ目の課題解決の一環として、現在の一般広報の中心である広報紙において、複数の自治体では「住民参加型の広報紙」の制作に取り組んでいる。一般の住民から公募やボランティアという形で、掲載内容を決める編集会議への参加や、取材や記事執筆の一部を住民やNPO団体などに依頼をしているのである。公益社団法人日本広報協会の調べによると、例えば茨城県古河市は「広報市民編集委員」として、「編集会議出席、各種イベント参加、取材・原稿作成など」を委託している。また東京都立川市は「しみん特派員」として、「取材・原稿作成、情報提供、会議出席、アンケート回答など」を、鳥取県境港市は「境港市お茶の間特派員」として「原稿作成、リポート（市政の現状紹介）、連絡会議への出席など」を、千葉県八千代市は「女性版編集委員」として、「広報やちよ女性版の編集など」を住民と共に行っている。自治体からの一方的なお知らせにならないように、また住民が読みたくなるような広報紙づくりのためのひとつのかたちであるといえる。3つ目の課題については、組織内広報の課題でもあることから次節で詳細に述べることとする。

3-3　住民視点による自治体の行政広報活動の課題

　自治体からの広報紙を読みたくても読めない住民がいるのもまた事実であ

る。広報紙の配布で一番多いのは、自治会などを通じた配布である。また自治会は広聴機能も担っており、民意を行政に流す役目も持っている。社団法人日本広報協会が 2013 年に行った「図 5 市町村広報広聴活動実態調査（広報紙の配布方法）」では 74.3％の自治体が自治会や町内会経由での広報紙配布と、その数は圧倒的に多い。多くの自治体が広報紙の配布手段として、自治会に頼っているのが現状なのである。しかし近年、自治会加入者の減少によって、全世帯配布を原則とする広報紙が住民全体に行き渡らなくなってきている自治体の事例も見受けられる。その対策として約半数の 54.4％の自治体では、公共施設などに広報紙を置いて直接取りに来てもらうなどの方法で対応しているとはいえ、配布漏れによる住民間の情報格差の問題を含めて、今後は広報紙の届かない家庭への広報が大きな課題になってくるといえる。その解決策のひとつと捉えているのか、広報紙をインターネットで公開している自治体も多いが、公共施設に取りに来てもらう方法や、インターネットで見る方法は住民の能動的な行動が必要であり、「図 4-2 自治体の広報や公開情報への接触方法」の通り、自治体のウェブサイトの閲覧経験が 9％しかない状況を考えれば、あまり効果的であるとはいえない。それは能動的に読みたいと思えるほど有益な情報がないのか、読みたい内容ではないということになる。

図 4-2　自治体の広報や公開情報への接触方法

	広報紙	回覧板	新聞	テレビ	ポスター掲示板	自治体のウエブサイト	ラジオ	SNS
総数	79.8%	50.6%	33.0%	25.3%	14.3%	9.4%	4.1%	2.3%
【性別】								
男性	74.3%	44.8%	32.8%	22.8%	11.5%	10.5%	5.2%	2.2%
女性	85.3%	56.4%	33.1%	27.9%	17.1%	8.3%	3.0%	2.5%
【年代別】								
20 歳代	63.1%	17.9%	21.4%	29.8%	20.2%	15.5%	3.6%	6.0%
30 歳代	73.8%	36.4%	18.5%	19.0%	22.1%	12.8%	1.5%	4.6%
40 歳代	78.4%	49.5%	33.5%	22.0%	11.9%	14.2%	2.3%	2.8%
50 歳代	82.1%	59.0%	33.8%	23.6%	13.8%	9.2%	5.6%	2.1%
60 歳代	84.5%	59.7%	38.2%	25.6%	10.5%	8.0%	7.1%	1.7%
70 歳以上	84.7%	58.0%	41.6%	32.4%	12.2%	2.3%	3.8%	—

出典：一般社団法人中央調査社『中央調査報（No.669）（2013）を基に筆者作成

図5　市区町村広報広聴活動調査（広報紙の配布方法）

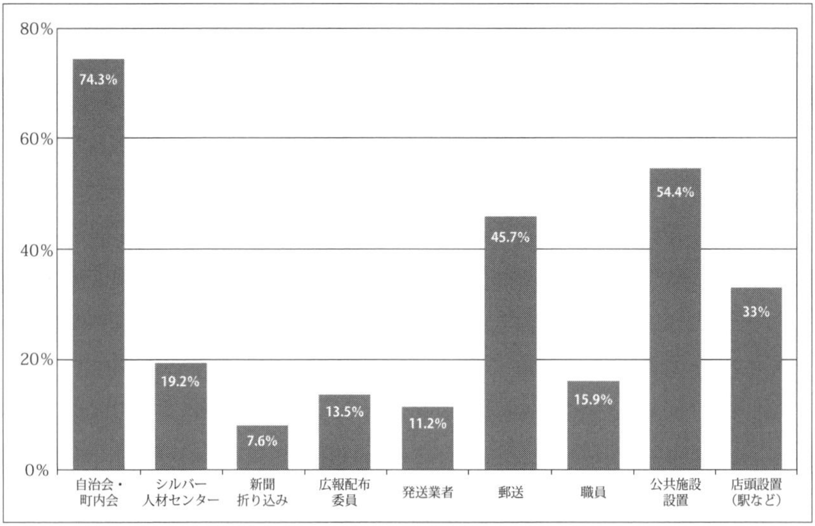

配布方法	割合
自治会・町内会	74.3%
シルバー人材センター	19.2%
新聞折り込み	7.6%
広報配布委員	13.5%
発送業者	11.2%
郵送	45.7%
職員	15.9%
公共施設設置	54.4%
店頭設置（駅など）	33%

出典：公益社団法人日本広報協会『市区町村広報広聴活動調査（2013）』

　また「図4-1 住まいの市区町村の広報や公開情報を見聞きすること」で自治体の広報情報を「見聞きしている」と答えた人に、「自治体の広報や公開情報を見聞きすること」についてどのような方法で接しているかという回答が「図4-2 自治体の広報や公開情報への接触方法」であるが、最も多いのは「広報紙」で79.8％となっている。次いで、「回覧板」が50.6％と半数を超え、以下「新聞（33.0％）」、「テレビ（25.3％）」、「ポスター掲示板（14.3％）」と、従来からある広報ツールに接する手段を挙げた人が多い結果となった。「自治体のウェブサイト」は9.4％、「フェイスブックやツイッターなどSNS」は2.3％と1割に満たない状況である。

　これらの結果によると、やはり自治体の広報が力を入れている広報紙が住民にとっても最大の情報源であることが伺える。しかし前節で述べた自治体広報3種の神器のひとつとして広報担当者力を入れているホームページについては約1割弱と、ほとんどの人が参照していない状況である。これには2つの理由が考えられる。1つは広報紙が自宅に回覧板や新聞の折り込みなど

で届く受動媒体なのに対して、ホームページは自らが情報を取りに行く能動媒体であるので、わざわざ見にいかない、いくほどの価値が住民にとってないということであろう。

　もうひとつは年代構成の問題である。年代別にみると、「広報紙」「回覧板」は40歳代以下に比べ50歳代以上で割合が高くなっている一方、「自治体のウェブサイト」は50歳代以上に比べ40歳代以下で割合が高くなっている。また、「新聞」は30歳代以下に比べ40歳代以上で割合が高くなっていることから、自治体情報にあまり興味がない若い人の方がインターネットなどのIT技術に対するリテラシーが高く、能動媒体であるホームページなどを活用するのに対して、自治体情報を積極的に取りに行く年配者はITリテラシーが低く、広報紙や回覧板などを活用することから、自治体の力の入れ方と、住民の情報の受け取り方が大きく異なることになるのであろう。

　前節でも述べたとおり、今の自治体の広報は広報媒体をつくっている自治体の広報担当の職員自身が、誰に向けて、何のためにつくっているかが分からないような状況である。それは住民からすれば、つくり手に想いのない情報をだれも読もうとは思わないのではないだろうか。一昔前のように、強制的に広報紙が全戸に配られた時代や、住民自身が行政と積極的に関わり、行政の政策に積極的に参加しようとしていた時代、そのような時代と同じ手法、同じ考えで行っているのでは、自治体の想いや考えは住民には届かない時代になってしまっているのである。しかし本来的には時代の変化に対応をして、仕事のスタイルなども変えていく必要があるのである。従来と同じスタイルを引き継ぐのではなく、その時代時代に合わせて、どのようにしたら伝わるのかを職員自身が考えることが求められているのである。その一例が、後述する神奈川県の川崎市の事例といえる。

第4節　自治体の組織内広報の現状

4-1　自治体における組織内広報の役割

　本章の2節と3節では時事通信社や日本都市センターが行った調査などから、現在自治体が行っている住民向け広報の現状を明らかにした。とくに3節では広聴によって住民から得られた情報の共有が自治体の組織内で行われる仕組みができていないなど、行政広報の組織に関する課題も浮き彫りになっている。それらの課題解決の糸口とすべく、本節では行政広報のひとつとして行われている、自治体の組織内広報について考察を行う。

　一般的に広報の大きな役割のひとつとして、組織内広報・広聴がある。猪狩は著書の中で、広報・PRの活動形態として「"社外情報の受信""社外情報の社内への発信""社内情報の受信""社内情報の社内への発信""社内情報の社外への発信"［猪狩誠也, 2007 : 22-24］」の5つを挙げているが、うち4つが社内に関わることである。つまり広報を担当するものにとっては、業務を遂行する上で社内との連携はもっとも大切なことのひとつであるといえる。とくに"社外情報の受信""社内情報の社外への発信"が広報業務と思われがちではあるが、社外から吸い上げた情報は社内で活用されなければ意味を持たないものであるし、逆に社内情報をきちんと受信できなければ、社内の情報を社外に正しく発信できないのである。とくに大企業には多くの部署があり、組織が大きくなればなるほど、組織が縦割りになってしまいがちである。現実として、隣の部署で何をしているかさえもわからなくなってしまっている組織もあり、情報の共有や連携を行うことによって、社内のコミュニケーションの活性化、また新たな発見などが生まれるといえる。またトップや経営陣のメッセージやビジョンなどを浸透させることで、社員の士気向上や労働意

欲なども高めることも可能であり、これらすべてが広報の担う役割のひとつともいえる。つまり一般企業においては、社外広報以上に社内広報が重要視されており、かつ必要とされているともいえる。社内広報の手法も多く存在するが、代表的なものをあげれば全社員集会や社員旅行、社員懇親会などのface to faceの社内イベントや、社内の情報を掲載している社内報、Webで情報を伝えるイントラネットなどが多くの企業で活用されている。

　行政広報にとっても組織内広報が重要であるという点は同様である。縦割りの組織で運営をされている自治体をはじめとする行政機関においては、一般企業以上に大切といえるかもしれない。一般的に企業の組織内広報は、社内広報と呼ばれるのに対して、自治体の組織内広報は庁内広報と呼ばれていることが多い。井出は行政広報論の著書の中で行政の大きな課題として「府県においても、また市町村においても、農林土木等々の実質的な行政の各分野は、明確な縦の境界線で分割され、横につながるよりも、縦の上下の方向に強い紐帯を有している。皮肉な見方をすれば、こうした構造があればこそ、横の対立、競合の関係を通して行政の成果をあげられることになるのだといえなくもないが、しかし、それは、あくまでも一面の真理に過ぎない。他面では対立、競合の関係が存在する。まさにその故に、全体としての調整、連絡が極めて困難になっているという致命的な状況が見いだされるからである［井出嘉憲，1967：87-88］」と行政の縦割りによる弊害について致命的とまで述べている。また広報についても「これを広報についていえば、横の調整の困難は、二重の形で現れる。一つは広報主管課の担当する広報計画と運用各部課が主管する現実の行政計画との間の調整困難ということであり、もうひとつは広報主管課の担当する一般広報と運用各部課が主管する個別広報との間のないし個別広報相互間の調整困難ということである［井出嘉憲，1967：88］」と述べ、縦割り組織が広報に対する影響として、広報部課が主管する住民向けの一般広報に各部課から情報を吸い上げられないことにより、正しい情報を素早く伝えられない、また広報が住民から広聴として吸い上げた情報を担当する部課に共有できないという課題と、広報が主管する一般広報と、産業

課や政策課などのそれ以外の組織が主管する個別広報とで、情報の連携ができないという2つの課題を挙げている。とくに後者に関しては、「個別広報は概して内容的に未熟であり、広報主管課の適切な関与が望まれる場合が多い。けれども実際には、そうした関与ないし調整は、ほとんど阻まれている［井出嘉憲, 1967：89］」と、自治体の現実として組織としても縦割りの意識が強く、広報に対する広報部課の助言すら阻まれてしまっている当時の現状が伺える。

4-2 自治体における組織内広報の現状

実際の現在における自治体における組織内広報の現状を確認することとしたい。2節の図3で示した公益財団法人日本都市センターが自治体の広報担当課長に向けて行なったアンケート結果によると、「2. 広報担当部署が担う役割」という設問に対して、「庁内広報などの組織内リレーション活動」を挙げた自治体は全体の23.8%という結果であった。つまり8割近い自治体の広報部署は組織内広報を自分の組織の役割として認識していない現状が明らかになっている。また「19. 広報担当部署以外の部署が個別に行っている広報を全庁的に把握する仕組みや取組み」という設問の「広報担当部署以外の事業課が個別におこなっている広報活動について、全庁的に把握する仕組みや取組みがありますか」という設問に対して、あると回答した自治体は15.1%であり、9割近い自治体は広報組織が他部署の行っている広報活動を把握できていないのが現実である。つまり現在の自治体においても、組織が縦割りに構築されており、観光課が観光広報を産業課が企業誘致広報を、政策課が住民誘致広報などを担っていることが多く、この現状は井出が課題として挙げていた約半世紀前の1967年当時から変わっていない状況が伺える。またアンケートの回答から、広報組織と他組織の連携は9割ちかい自治体でできていない。それは広報組織の意識の問題にも現れており、そもそも組織内広報を広報の役割と認識している自治体が2割強で、8割ちかい自治体の広報組織は組織内広報を役割として認識していないのである。主管する部課の考え

方がそのような状況では組織内の連携が行われるはずがないのである。また自治体の広報担当課長の抱える課題について尋ねたのが、前述のアンケートの問 13 の「貴市全体の広報において、どのような課題がありますか。」という問いであるが、その上位に上がっている課題のひとつは、「市職員全体において、広報の重要性に対する認識が不足している」というものであり、約半数にあたる 49.2% の自治体が課題として認識しているのである。つまり多くの自治体が他部署の広報意識の欠如を課題として捉えながらも、その広報を主管する組織が動いていない、もしくは動けない組織構造になっているといえる。

4-3 自治体の組織内広報の課題解決への提言

　自治体の組織的な問題として、組織内連携や組織内広報の機能が十分に働かないのであるとするならば、その解決策のひとつは広報的な機能を統合し、ひとつにしてしまうことである。各部で各部が行う政策に沿った広報活動を行うのではなく、広報部課が住民向け広報も、政策や産業に関する広報も行えば、広報技能が未熟な部課が行うよりも、効率的な広報が可能であり、課題のひとつは解決できるといえる。また広報が発信するメッセージは自治体や企業を代表するメッセージと捉えられるのが一般的であり、メッセージの統一性が求められるのである。各担当部署がバラバラなメッセージを発信してしまった場合、受け手側は混乱してしまい、どのメッセージが真意かが分からなくなってしまうからである。この点について井出は「個別広報と一般広報との間の関係を完全に整理するために、可能とあれば、あるいは個別広報を一般広報のなかに解消させ、統合させてしまうということを考えるかもしれない。だが、この問題の難しさは、仮にそうした措置をとることが可能であるとしても、それを実施することの妥当性に関して大きな疑問が残されているという点にある［井出嘉憲，1967：89-90］」と述べている。井出が述べている妥当性に対する疑問とは、「広報が現実の行政と並行して現れることが

強調される場合には、個別広報の存在は相対的に高く評価されることになるだろう。まさしく、それは個々の行政施策に付随して実施される広報だからである。そして、これをもっと推し進めていけば、前述の広報主管課を中心とし、一般広報に重きを置いた広報とは逆に、運用部課の自主性を尊重し、より多くの活動の機会を個別広報に割り当てるという方向が浮き彫りにされてくるだろう［井出嘉憲, 1967 : 90］」と指摘している。つまり現在の自治体においては住民に対する従来型の広報（広報紙の配布など）は広報部課が行っているものの、新たな政策に紐づいた広報（観光客誘致の観光広報や企業誘致の産業広報など）は観光広報であれば観光課などが、産業広報であれば産業課など、喫緊の課題解決に対する政策についての広報を担当部課が行っているため、住民や外部の人々の目に触れやすく、またメディアリレーションなどについてもメディアに取り上げられやすい政策広報が多いといえる。それは企業でも同じで、既存製品の説明会などよりも例えば新商品の発表や新サービスの導入などは世間の注目を浴びやすく、またメディアにも取り上げられやすいといえる。例えばメディアへの露出量などを広報の目標として立てている場合、目立たない住民向けの一般広報こそ不必要であるといった本末転倒な結果になってしまう現象が起こりえることになってしまう。

4-4　自治体の一般広報と個別広報の統合

　自治体が行っている個別広報は、企業における宣伝機能にちかい概念として考えることができるかもしれない。企業においても新商品などは認知がないため、早く認知を築くため既存商品と比較して積極的な広告などの宣伝活動などを行うことが多い。だが企業においては、多くの場合はそれらの活動は広報部や宣伝部などの専門組織に集約されていることが多くなっている（一部の企業では事業部ごとに宣伝機能や広報機能を持っている企業も存在する）。それは広報や宣伝が専門性の高い職種のひとつとして捉えられているからといえる。また先述したとおり、企業のイメージを強く司る部署であり、メッセージの

一元化やイメージの統一性を保つ必要性があるからだともいえる。私も広報や宣伝の機能はひとつの部署に集約するべきだと考えている。とくに自治体においては、その必要性がより高いのではないだろうか。その理由としては2つあり、ひとつは先述したとおりメッセージの一元化である。コミュニケーションの大切なことは相手に対して、正しくメッセージを伝達することにある。そのためには相手に考えさせてはいけないのである。つまり分かりやすいメッセージを伝達する必要があり、ひとつの機関（企業や自治体など）から発信されるメッセージはすべてが同じ方向を向いている必要がある。部課が違うなど発信元が異なる場合は注意が必要で、基本となるメッセージの共有化を図ることやメッセージ内容の同期をかなり綿密に図る必要があるといえる。また組織が異なるということは、対立の発生を生む可能性を孕んでいるといえる。組織が異なった場合に組織同士の対立は一般的に起こりえるもので、例えばある自治体で新たな住民を獲得すべきという基本方針があったとしても、観光課としては観光客を増やすことが組織としての組織目標となっており、観光客としてきてもらわなければ住民にならないなどと理由をつけて観光客を増やすことに熱心になり、多くの予算の獲得にも取り組むはずである。しかし広報所管の部署が一元的に行っていれば、現在は住民を獲得すべきという自治体全体の方針に従って、住民誘致広報の予算を増やし、観光広報の予算を減らすはずであるが、組織同士が縄張りを持っている場合は、そのような機能が働きづらくなるといえる。結果としてこの自治体は住民を増やしたいのか、観光客を増やしたいのかが、良く分からないメッセージが乱立して発信されてしまうことになるのである。

　もうひとつの理由は、宣伝機能の量である。企業における広報と宣伝部署の関係としては、一般的には広報と宣伝がひとつの部署になっている企業と、広報と宣伝とで部署が分かれている企業に大きく分類することができる。前者のメリットは当然にメッセージの一元化が図れ、戦略的に広報と宣伝という異なる機能を使い分けられることにある。後者のメリットは広報と宣伝という異なる機能の専門化や専門組織や人材を育成できることにある。とくに

規模が大きく、広報や宣伝の量が多い企業では分かれているケースが多く、小さな企業では兼務しているケースが多いといえる。また広報と宣伝が分かれている組織であっても、例えば上部組織である部や本部などを統合することで、密な連携を重視している組織も多い。自治体に関していえば、マスメディアなどを用いた大規模な宣伝を行う自治体はまだまだ少なく、各課で行われている個別広報活動も小規模な宣伝活動やメディア対応がメインである点から、組織をひとつにしてしまうのが効率的であると考えられる。また企業のように広報と宣伝機能を分けるとしても、両機能が密な連携をとれるようにすることが大切である。広報と宣伝の機能を分けるとしても、各部課においてその両方をばらばらに運営することは好ましくないといえる。

　井出も行政の広報組織の在り方について、「広報主管課の担当する一般広報は、相対的に高次の政策的な内容を有するもの、庁内の各部署にまたがるもの、広範囲の住民に関心の持たれそうなもの、ないし相対的に高次の専門技術を必要とするものなどを主として扱い、その他の個別的、日常業務的な性格の濃いものは、出来るだけ関係各部課の個別広報の領域に委ねる。広報主管課は長直属のスタッフ機関となり、調整機能を強化するが、他面ライン各部課の自主性を尊重し、それに対する関与はなるべく専門的、技術的な助言にとどめるようにする［井出嘉憲, 1967：91-92］」と自治体の広報組織について提言を述べている。つまり井出は、広報すべき内容で分けるべきと提言しており、複数の組織をまたがる全庁的な政策や高次の政策的な内容を含むもの、住民の関心が高いものを広報担当組織が行い、それ以外の日常的な簡易なものを各組織に任せるべきだとしている。また日常的な広報活動は任せるべきではあるが、調整機能は強化し、専門的、技術的な助言をしっかり行うべきであるとも述べている。

第5節　自治体における行政広報活動の課題解決に向けて

5-1　自治体における行政広報活動の課題

　4節で述べたとおり、自治体内の広報機能は、多くの自治体で広報関連部課が所管している一般広報と、観光に関しては観光課、企業誘致に関しては産業課や経済課、住民の誘致に関しては政策課などの各部課が実施している個別広報に二分されてしまっている状況である。4節で述べたように井出もその点を課題として挙げ、現在もその課題は解決できておらず半世紀ちかく同じ課題を抱え続けていることがわかった。とくに外部向け広報や広告などの宣伝活動では、例えば観光パンフレットの制作や観光客誘致のためのイベント出展などは、広報課ではなく観光課などが個別広報としてそのまま担当している自治体が多いのが現状である。つまり自治体の広報担当部署は、旧来的な自治体内広報に機能として留められているといえる。シティプロモーションに関しても、図3のアンケートによると、問5の「シティセールス（プロモーション）担当部署と広報担当部署との関係」という設問に対して、広報課が担当している自治体は約2割にとどまり、自治体の約8割は広報組織ではない部署がシティプロモーションを担っているといえる。これは1節で述べたように、歴史的な経緯として観光広報などの個別広報が発展して、シティプロモーションになったからと考えられる。しかし本来的には、このような自治体全体のイメージ戦略やプロモーションに関しては従来広報機能を担ってきた広報担当組織が担うべきであると筆者は考えている。現在の自治体が行っているシティプロモーションであるが、自治体全体のプロモーションを行う、いわば自治体のイメージをつくりあげる政策であり、井出の言葉を借りれば高次の政策的な施策であり、シティプロモーションの対象範囲に

は住民も含まれるうえに、既存の住民の協力が不可欠なことから住民の関心も高い政策のひとつであるといえる。またこれらの活動は自治体をあげた取り組みであると同時に、メッセージの統一性がもっとも大切である。たとえば、各部課がバラバラなメッセージの発信を行ってしまった場合は、自治体自体のイメージがきちんと周囲に認識されなくなってしまう。同時に広報と宣伝という両方の機能を必要とする大きな取り組みでもある。つまり自治体自体のイメージをつくりあげるシティプロモーションなどの政策に関しては、各組織がバラバラに動くのではなく、広報組織がすべての情報を集めた上で、統一的なメッセージを発信することが求められるのではないだろうか。また詳細については後述するものの、歴史的な背景もあってか現在のシティプロモーションは外部広報的な役割が主であると認識されがちではあるが、複数の自治体でシティプロモーションの目的として既存住民向けのロイヤリティの向上など内部広報的な役割も掲げているのが実情である。そういった面でも、従来内部広報を担ってきた広報組織と切り離して考える必要性は薄いといえる。

5-2　マーケティング視点による自治体の行政広報活動

　本章では行政広報の歴史的背景と自治体の組織体制より、旧来の一般広報が自治体内の住民向け広報に留められてしまっていることを述べた。しかし現在の自治体が行っている一般広報においても、マーケット（住民）をみることができていない状況にあるように感じられる。しかし本気で外部からの資源を獲得したいのであれば、今後はマーケットを強く意識し、戦略的な行政広報が求められることになるのである。また現在多くの自治体で取り組まれているシティプロモーションは、観光広報などの対外的な広報活動が発展したものであり、一部例外はあるものの住民向け広報とは別の取組みとして行われてきている。それは旧来の行政広報の歴史的な経緯と、組織としての体制に由来するものであると考えられる。しかし実際には、シティプロモーショ

ンは住民を対象とした内部広報的な役割も包含している自治体が多いのも事実である。

　そうであるならば、本来的には従来から行われてきた一般広報機能に対しても、住民を顧客として捉えるマーケティングの視点を付加することが否定されるべきものではないはずである。とくに２節で述べたように、自治体の行っている行政広報活動は大多数の自治体において戦略やプランニングもされず、ターゲットも明確にしないで、効果についても測定されていないのが現状である。また広報活動を戦略的に実施しているのではなく、住民が住民票を取りに来たから渡すような感覚で、流れ作業的に広報紙を制作する、またメディアの対応を行う、何かニュースがあったのでホームページを更新するという作業となってしまっているのが現実である。担当者がその精神で制作している広報ツールは読み手にとっても、伝わらないものになってしまうのではないのだろうか。それが結果として、３節で述べているように４割近い住民に自治体の情報が伝わらない広報活動になってしまっているのである。自治体もその現状を把握できているのかは疑わしく、実際に７割を超える自治体では実施した広報施策や広報媒体の評価もできていないのである。

　これは自治体が行政広報活動を行う際に、マーケット（住民など）の視点がないことが原因のひとつであるといえる。つまりカスタマーインサイト（顧客視点）というマーケティングの根本的な視点が抜けているのである。これからの自治体は顧客視点を養い、マーケティングの発想を強化することが必要なのである。とくに多くの自治体がシティプロモーションを強化しているように、外部から資源を誘引することが急務であり、今後自治体として外部に向けたプロモーションを強化するのであれば、今以上にマーケットや顧客（住民）を理解し、マーケティングの発想を高めなければならないといえる。また４節で述べたように、現在の自治体広報においては一般広報と個別広報がバラバラに動いてしまっており、情報の共有や協働ができていないのが現実である。組織の縦割りが強く、組織間の連携や協働ができないのであれば、専門的な知識や技能が必要な広報のような職務については、個別広報を一般広報

に包含させ、ひとつの組織として運営する方が良いと筆者は考えている。自治体の行政広報にはマーケティングとしての考え方が必要であるという理解より、次章以降では自治体を含めた非営利組織のマーケティング活動について考察することとする。

第 1 章　自治体における行政広報活動

第 2 章　非営利組織におけるマーケティング活動

第2章　非営利組織におけるマーケティング活動

第1節　非営利組織のマーケティングとは

1-1　マーケティングの概要

　マーケティングとは、企業や非営利組織が行うあらゆる活動のうち、商品やサービスを企画・開発・生産し、その商品やサービスの情報を顧客に伝え、顧客がその商品を得られるようにする活動の全てといえる。日本マーケティング協会によると「マーケティングとは、企業および他の組織がグローバルな視野に立ち、顧客との相互理解を得ながら、公正な競争を通じて行う市場創造のための総合的活動である」と定義されている。"他の組織"には当然に、"行政などの機関やNPOなどを含む"と考えられている。一般的にマーケティング活動は、営利を追求する企業のための活動と捉えられがちではあるが、組織全般が行う活動を享受者（顧客、住民など）にとって最適化するというマーケティングの基本的な概念は、自治体やNPOなどの非営利組織にも適用できるものであると考えられる。マーケティングの第一人者と称されるノースウェスタン大学ケロッグ・スクール（Kellogg School of Management）のフィリップ・コトラー（Philip Kotler）もその著書の中で、「マーケティング・マネジメントとは、ターゲット顧客の行動に影響を及ぼすことを目的とした計画とプログラムの実施プロセスであり、それは、個人的・組織的な目標を達成するために、有益な交換の創造と維持を通して行われる［フィリップ コトラー , 2005：54］」と定義し、マーケティング活動が決してプロクター・アンド・ギャンブルやコカ・コーラ、サントリーのような企業のモノだけのものではないことを示唆している。またコトラーは2008年に発表した著書の中で、マーケティングの定義について、「ターゲット市場を選択し、優れた顧客価値を創造し、提供し、伝達することによって、顧客を獲得し、維持し、育てていく技術およ

び科学［フィリップ・コトラー,2008：5］」と再定義を行い、顧客創造を行い交換するだけの技術から、顧客を獲得し、その顧客を育てていくことであると、顧客との協働や長期的なリレーションもマーケティングの役割であると述べている。また経営学の祖と称される経営学者のピーター・ドラッカー（Peter Ferdinand Drucker）は「マーケティングの狙いはセリングを不要にすることだ。マーケティングの狙いは、顧客を知り尽くし、理解しつくして、製品やサービスが顧客にぴったりと合うものになり、ひとりでに売れるようにすることである。理想をいえば、マーケティングの成果は買う気になった顧客であるべきだ。そうなれば、あとは製品やサービスを用意するだけで良い［ピーター・F・ドラッカー,2001：64-65］」とマーケティングについて定義し、マーケティングの最終的な目的は、商品が自然と売れる状態を作ることで営業をなくすことだとしている。一般的に行われているマーケティング活動の領域はひろく、商品・サービスそのものの企画・開発・設計から、市場調査や分析、価格設定、ブランディング、広告・宣伝・広報などのコミュニケーション、販売促進、流通、マーチャンダイジング、店舗や施設の設計・設置、集客、接客、顧客の情報管理等に至る広い範囲におよぶ。それゆえ、それぞれの分野において専門的な知識や経験が求められる職業であるともいえる。

1-2　マーケティングの非営利組織への適応

　一般的に企業においてマーケティングの基本的な活動はマーケティングミックスと呼ばれる Promotion（広報・広告）、Price（価格）、Place（立地）、Product（商品・サービス）の 4P と、Strengths（強み）、Weaknesses（弱み）、Opportunities（機会）、Threats（脅威）の SWOT 分析を基に行われることが多い。マーケティングミックスとは基本経営学用語辞典によると、「製品、価格、広告、販売員活動、物流などのマーケティング活動を標的市場の特性に合わせて効果的に組み合わせたもの」のことであり、4P とは 1961 年にエドモンド・ジェローム・マッカーシー（Edmund Jerome McCarthy）が提唱をしたマーケティ

ングミックスの考え方のひとつである。つまり、企業や非営利組織が顧客や生活者に商品やサービスの販売をしたり、何かを遂行したりするために、マーケティングの使用可能な複数の手段を組み合わせて戦略をたて、計画、実施することであり、Promotion（宣伝）、Price（価格）、Place（立地）、Product（商品・サービス）の視点でマーケティング戦略全体を立案することになる。4Pとはそれぞれの頭文字のPを重ねたものである。またSWOT分析とはハーバードビジネススクールで構築された企業の全体評価を行うためのフレームワークのひとつである。企業の現状を内部環境であるStrength（強み）、Weakness（弱み）と、外部環境であるOpportunity（機会）、Threat（脅威）に分類し、4つの視点から評価・分析を行う。内部環境分析では、自社の経営資源を中心に自社の強みと弱みを分析し、外部環境分析は、企業に直接影響を与えるミクロ環境と間接的な影響を与えるマクロ環境とに分けて機会と脅威の分析を実施する。ミクロ環境では市場（顧客）や競合他社の分析、マクロ環境では人口動態・経済動向・技術トレンドなどの広い視点から分析をする。SWOT分析を行うことで、自らの立ち位置や、今後の向うべき方向性を定めることができるのである。4PやSWOT分析はマーケティングの戦略立案を行う上で現在でも有効とされており、大きくの企業で実践されている手法である。また日本におけるサービス・マーケティングの研究者のひとりである明治大学大学院の近藤隆雄はサービスプロダクトについて、「サービス・マーケティングにおいては、モノ中心のマーケティングの4Pに加えて、ヒト（People）、物的環境要素（Physical evidence）、過程（Process）の3つのPが必要となる［近藤隆雄，2010：190］」と述べ、サービス・マーケティングにおける7Pを提唱している。近藤が述べている「ヒト」はサービスにおいては目に見える商品がなく、すべて「ヒト」が提供する。その提供するヒトの経験や技術やセンスが重要であるとしている。また「物的環境要素」とはサービスの提供スペースのことで、例えばホテルやレストランの外観や内装、心地の良い音楽などの空間すべてを対象とし、「過程」とはサービス自体の提供過程のことを指している。高級レストランとファーストフード店では提供プロセスや顧客の役割に差が生じ

るように、提供過程によってもサービスの内容に対する期待感が異なるからである。自治体の提供する"行政サービス"も、ひとつのサービス商材と位置付けることが可能である。マーケティング活動が営利企業のみならず、非営利企業や自治体の戦略上有効であるとするならば、これらのマーケティング手法は自治体においても十分に意味を成すものであるといえる。

第2節　マーケティングの歴史

2-1　マーケティングの成り立ち

　前節ではマーケティングが営利企業の為だけではなく、非営利企業や自治体においても活用可能な施策であることを述べた。本節ではマーケティングの歴史について振り返るとともに整理することとする。マーケティング活動自体の歴史を紐解けば、紀元前の人間が物々交換をしていた時代まで遡れるのではないのだろうか。魚を釣り、その魚を食料として生活をしていた人間が、肉を食べたいと感じた時に魚と肉を交換する。コトラーの定義を借りれば、"交換"がマーケティングにおける重要な要素だとするならばこれもひとつのマーケティング活動である。また人間が行う商売ひとつをとっても、すべてがマーケティング活動の一部に通ずることがあるのである。つまり人間は知らず知らずのうちに、マーケティングの活動を長い歴史の中で行ってきたのである。そういった商売活動を理論化し、学問的に整理したものがマーケティングであるとするならば、マーケティングという考え方は1900年代のアメリカで誕生したといえる。

2-2　製品志向時代のマーケティング

　マーケティングの定義として有名なのはアメリカンマーケティング協会(American Marketing Association)の定めるマーケティングの定義であろう。AMAの定義の誕生は1935年であるので、この頃が学問としてのマーケティングの誕生ということもできる。そのAMAの定義も時代にあわせて数年から数十年ごとに改定が行われている。それはマーケティングという理論が普遍

的なものなのではなく、時代にあわせて変化していくものだということを表しているのではないだろうか。そのAMAの定義を文教大学の那須幸雄がまとめているので、その論文「表1 AMAによるマーケティングの新定義（2007年）についての一考察」の一部を引用しつつ、コトラーの定義と共にその歴史を振り返ることとする。コトラーによるとマーケティングの発展については、「製品志向」からはじまり、「販売志向」になり、そして「顧客志向」へと3段階のステップによって発展してきたとされている。また直近ではコトラーはその近著において、従来の「製品志向・販売志向」を「マーケティング1.0」、「顧客志向」を「マーケティング2.0」とした上で、「マーケティング3.0」という考え方を用いている。マーケティングという考え方が始まった「製品志向」は、20世紀初頭の考え方である。ラジオや自動車、電灯などの新たな製品が次々と開発され、便利でより良いモノを開発し、そして安く大量に生産すれば、モノが売れるという考え方である。コトラーは「マーケティングにおける製品志向とは、一般の人々にとって良いものであると確信する製品・サービスを提供する組織が成功するということである［フィリップ コトラー, 2005：58］」と製品志向の時代のマーケティングを定義している。

2-3 販売志向時代のマーケティング

「製品志向」の時代が終わると、次は1930年代からの「販売志向」の時代に移る。1929年からはじまった世界恐慌を契機に、モノは生産さえすれば売れる時代から、モノを選んで買う時代に変化をした。消費者に対して、このモノをいま買わないことは損であると思わせ、他社のモノやサービスより、自社のモノの方が優れており、買うべきであると思わせることが重要なのである。つまり同一化した商品やサービスの販売における他社との競争の時代であるともいえる。コトラーは「マーケティングにおける販売志向とは、競争相手の提供するものを買い、あるいは何も買わないよりも、自社の提供物を買う方が良いということを、顧客に最も納得させた組織が、成功するとい

第2章　非営利組織におけるマーケティング活動

表1　AMA によるマーケティングの新定義（2007年）についての一考察

AMA の定義
（1935年定義）
（AMA の前身である全米教師協会の定義）Marketing includes those business activities involved in the flow of goods and services from pro-duction to consumption.
（日本語訳）マーケティングとは、生産から消費に至る財とサービスの流れに関連する事業活動を含むものである
（1948年・60年定義）
(Marketing is) the performance of business activities that direct the flow of goods and services from producer to consumer or user.
（日本語訳）マーケティングは、生産者から消費者あるいは利用者に、商品およびサービスの流れを方向づける種々の企業活動の遂行である。
（1985年定義）
(Marketing is) the process of planning and executing the conception, pricing, promotion, and distribution of ideas, goods and services to create exchanges that satisfy individual and organization-al objectives.
（日本語訳）マーケティングは、個人や組織の目的を満足させる交換を創造するために、アイディア、商品やサービスの概念化、価格設定、促進、流通を計画し実施する過程である。
（2004年定義）
Marketing/ an organizational function and a set of processes for creating, communicating, and delivering value to customers and for managing customer relationships in ways that benefit the organization and its stakeholders.
（日本語訳）マーケティングは顧客に価値を創造し、伝達し、引き渡すための、また組織やそのステークホルダー（利害関係者）を益するやり方で顧客関係を管理するための、組織的機能であり、また一連の過程である。
（2007年定義）
Marketing is the activity, set of institutions, and processes for creating, communicating, delivering, and exchanging offerings that have value for customers, clients, partners, and society at large.
（日本語訳）マーケティングとは、顧客、依頼人、パートナー、社会全体にとって価値のある提供物を創造・伝達・配達・交換するための活動であり、一連の制度、そしてプロセスである。

出典：那須幸雄『文教大学国際学部紀要第19巻第2号（2009年）「AMA によるマーケティングの新定義（2007年）についての一考察」』p.98-99

うことである［フィリップ コトラー, 2005：59］」と定義している。

2-4 顧客志向時代のマーケティング

3段階目であり、現在は「顧客志向」の時代といわれている。「顧客志向」とは「製品志向」や「販売志向」とは違う大きな特徴を持っている。従前は「組織」や「組織が提供したいと考えているもの」を起点にマーケティング計画をスタートさせ、組織が提供するものに合わせて、消費者の行動や意識を変えようとしているのに対して、「顧客志向」は顧客のニーズや欲求を調査し、そこをマーケティング戦略の起点にしようとしている点である。コトラーは「マーケティングにおける顧客志向とは、ターゲット市場の知覚、ニーズ、欲求をもっとよく把握し、優れたデザイン、コミュニケーション、価格、適切で競争力のある提供物を通して、顧客の満足を継続的に満たす組織が、成功するということである［フィリップ コトラー, 2005：61］」と定義している。つまり顧客が欲しいと思うものを探り、そしてその顧客にあった製品を開発・生産し、そして提供する。それが顧客志向の考え方であり、現在のマーケティングの基盤であるともいえる。2010年にはコトラーは著書で、「マーケティング3.0」という考え方を発表した。マーケティング3.0についてコトラーは、「マーケティング3.0を実行している企業は、より大きなミッションやビジョンや価値を持ち、世界に貢献することを目指している。社会の問題に対するソリューションを提供しようとしているのである［フィリップ・コトラー、ヘルマワン・カルタジャヤ、イワン・セティアワン, 2010：18］」と述べており、従来の利益主義的なマーケティングの考え方を一変し、ビジョンやCSR（corporate social responsibility）的な考え方に迎合しているようにも思う。だが同著の中でコトラーは「マーケティング1.0と2.0は、今後もある程度意味を持つだろう。マーケティングは依然として、セグメンテーションを行い、標的セグメントを選び、ポジショニングを定め、4Pを提供し、製品を中心にしてブランドを築くことを意味している［フィリップ・コトラー、ヘルマワン・カルタジャヤ、

イワン・セティアワン，2010：54]」とも述べていることから、従来の「製品志向」「顧客志向」を基盤にした上での発展形として、マーケティング3.0的な考え方を出していると考えられるが、マーケティング3.0的な考え方を深めていくと、営利企業と非営利企業の境目が少しずつ薄くなっていくようにも感じられる。

2-5　進化を続けるマーケティング

マーケティングという考え方が半世紀以上に渡って、人々から支持されてきたのは、マーケティングという学問が完成したものではなく、常に進化を遂げてきたからといえるかもしれない。コトラー自身もマーケティングの歴史を振り返り、次のようにまとめている。「1950年代、60年代の製品管理の概念から、70年代、80年代に顧客管理中心の概念に進化し、その後さらに進化して、1990年代から2000年代にかけてブランド管理という柱が新たに加わったのだ。人々の生活の大きな変化に絶えず適応してきたからこそ、マーケティングは魅力的であり続けているのである［フィリップ・コトラー、ヘルマワン・カルタジャヤ、イワン・セティアワン，2010：48]」。時代のニーズに即し、また組織のニーズに即しながら成長を続けてきたマーケティングはどのような組織、時代にあっても活用できる魔法の箱のようにも思えるかもしれないが、だがその時代に即して、姿を変えてきたからこそ、そのような効果をもたらしているのである。逆に時代に合わせて、進化や変化ができなければ、オールドスクール的な概念としてすたれてしまっていたようにも思える。そのような"時代の変化やニーズに即すること"がもっとも大切であるということをマーケティングは教えてくれているのかもしれない。

2-6　非営利組織におけるマーケティング

そんなマーケティング活動を非営利組織に当てはめた非営利組織マーケ

ティングも米国を中心に研究がすすめられており、その先駆けはコトラーが1970年代に提唱したとされている。コトラーによれば、「1970年代から80年代はこの考え方が急速に受け入れられるようになった時代である。アンダリーセンが指摘しているように、マーケティング概念とマーケティング技能が、もっとも急速に採用されたのは、組織環境と取引のタイプという点で、民間部門にもっとも近い領域であった［フィリップ コトラー，2005：11］」と述べ、民間企業に近い非営利分野、例えば鉄道や電気・ガスといったインフラ、医療機関や図書館などの非営利組織へマーケティングが普及していったことを示している。1980年代の後半になると、非営利マーケティングという考え方が、政府機関などで取り入れられるようになっている。また表1のアメリカ・マーケティング協会によるマーケティングの定義では、1985年の改定から"企業活動"の文言がなくなり、"個人や組織"という言い方に変更されていることから、この時代の前後から、マーケティングの主体が企業のみではなくなっているともいえる。

　サービス・マーケティングの研究を行っていたクリストファー・ラブロック（Christopher H. Lovelock）は1989年に発表した著書の中で、「1970年代の中頃まで、非ビジネス組織の経営上の特異な問題点は、概ね無視されてきた。しかしその後、公共団体や非営利機関の経営実務の改善に向けて、実務家と学者たちが関心を寄せ始めた。いまやマーケティングは、その若干を指摘するだけでも、政府機関、病院、大学、交通システム、芸術団体、社会行動グループ、その他分野で注目を集める流行語になってきている［クリストファー・H. ラブロック、チャールズ・B. ウェインバーグ，1991：8］」と述べている。これは1980年代後半から90年代前半のアメリカにおいては、マーケティングという考え方が、政府や自治体を含む非営利組織において、認知され、使用され始めていることを表している。

　つまり非営利組織のマーケティングの歴史は、営利企業がビジネス上の戦略のひとつとして始まったマーケティングという考え方が、1970年代に営利組織に近い非営利組織である教育や病院、交通などに広がり、それが1980

年代から1990年代にかけて自治体や政府といった営利組織から離れた組織まで伝播していったということになる。それだけの月日をかけ、より広い範囲に伝播したということは、非営利組織においてもその有用性が認められていったことの証左にもなるとも考えられる。次節以降は、日本における非営利組織、とくに自治体におけるマーケティング活動について述べる。

第3節　自治体におけるマーケティング活動

3-1　日本における自治体マーケティング

　前節で述べたように、1970年代から米国ではマーケティングの非営利部門への活用が研究されてきた。日本においてはどうかというと、元城西大学の渡辺好章が「非営利マーケティングの概念は日本の研究者にはいち早く取り入れられ、1991年には日本マーケティング協会によるNPO委員会の発足などの活動が見られたものの、肝心の実務レベルにおける導入は、1990年代の先進的な自治体による行政改革などの一部の先覚的なリーダーが存在する若干の組織にとどまっている［渡辺好章, 2000：54-56］」と指摘しているようにアメリカから遅れること20年、1990年代には日本においても非営利企業におけるマーケティングに関する研究が進められていたが、ほとんどの非営利企業で積極的な採用がされなかったことが伺える。

　なぜこのようなことに陥ってしまったのであろうか。ひとつは自治体経営における主権者の存在があるように思う。自治体において住民は主権者であり、住民の総意によってその長たる首長が選出されている。つまり住民は自治体からの公共サービスを享受する受益者であると同時に、その公共サービスを提供する組織の主権者でもある。これを民間企業に例えれば、当該企業を支配する株主がすべての顧客である特殊な組織ともいえる。そういった点もあり、ラブロックもその著書で「公共・非営利組織のマネージャーにとって、マーケティングの教材が有用にして、適切であるためには、彼らが仕事をする環境の特異性と彼らが扱う製品の特性について、熟知せねばならない。非ビジネスマーケッターは、民間部門に働く彼らの仲間にないある種の束縛に直面しているのである［クリストファー・H. ラブロック、チャールズ・B. ウェインバー

グ, 1991 : 16］」と述べているように、単純に民間企業で行っているマーケティング手法がそのまま自治体などでも取り入れられるモノではないことを示唆している。

3-2 自治体におけるマーケティングの課題

またコトラーもその著書の中で、非営利組織のマーケティングについて「もっとも厄介で、根深い問題は、潜在的ではあるが、時折浮上してくる意見、つまりマーケティングは害悪であるという意見である。この意見は、以下の3つの見方にはっきりと示されている。［フィリップ コトラー, 2005 : 38］」と述べているように、当初は非営利組織マーケティングが誕生したアメリカでさえも非営利組織にマーケティングの考え方が受け入れられなかったことを示している。コトラーのいうマーケティングが非営利組織にとっての害悪だとする意見は「マーケティングが公的資金の無駄遣いだとみなされる」、「マーケティング活動がおしつけがましいと思われる」、「マーケティングが人心操作だと思われる」の3つにまとめられている。ひとつ目の「マーケティングが公的資金の無駄遣いだとみなされる」については、「マーケティング活動に関してしばしば起こる批判は、金がかかりすぎるということである。多くの人々は、慈善団体がその使命と資金調達額にあわない行動を取らないように、広告とマーケティングに使う費用について、注意深く監視している［フィリップコトラー, 2005 : 38］」というように、マーケティング、とくに広告宣伝には大きな投資が必要であり、税金や寄付といった形でお金を集めている組織がそのようなものにお金を使うことに対する批判は当然しておこりえるといえる。日本においても、税金をマーケティング活動に使うのであれば、その分を社会保障や住民サービスに使用すべきだという意見は当然にしておこりえるといえる。とくに自治体においては、自治体の運営費用の大半はその地域に住む住民が賄っているわけであり、その費用を住民以外の人々の為に使うことには強い違和感を覚えるのであろう。だが最終的には、住民の為になる

と考えて、使用しているのだが、短絡的な見方になってしまった場合は、その点が十分に理解されないものともいえる。また2つ目の「マーケティング活動がおしつけがましいと思われる」は、「マーケティングが、しばしば人々の生活に立ち入っているということである。マーケティング調査の担当者は、家庭を訪ね、個人の好き嫌い、信条、態度、収入などの個人的事柄をたずねる。さまざまな政府機関が、マーケティング調査を何度も行うようになれば、いずれはその情報が個人の意に反して知れ渡り、マス宣伝の為に使われたりするのではないか、という疑念が広がっていく。また税金がこのような調査に使われているという事実に関しても、人々は好ましく思っていない。皮肉なことではあるが、そもそもマーケティング調査は、ターゲットとなる人々の満足度をより高めることを目的にして、そのニーズと欲求そして組織の現行活動についての意見を知るために実施されるものである［フィリップ コトラー，2005：38-39］」と、3つ目の「マーケティングが人心操作だと思われる」は「組織がターゲット市場を操作するために、マーケティングを利用するのではないかということである。例えば多くの喫煙者は、アメリカ遺産基金による禁煙広告に不快感を抱いているし、警察によるイメージ広告を操作的だと感じる人もいる。マーケティング活動のマネジャーは、マーケティング活動を計画する際、人心操作だという批判が起こりえることにも気を配らなければならない。多くの場合、非営利組織は公益を追求し、適切な手段を用いている。しかしながら市場操作であるという批判が、その真意を確かめられずに正当化され、非営利組織とマーケティング活動に汚名を着せることになる場合もある［フィリップ コトラー，2005：39］」と述べている。

　マーケティングが販売促進の要素が強い活動であることは否定できない。ドラッカーの定義を借りれば、「営業を不要にし、自然に売れる状態をつくり出すこと」がマーケティングであるとするならば、いわば人々が自然にその商品やサービスが欲しくなるように仕向けることがマーケティング活動であるといえる。つまりそれは自然な人々を意図しないかたちにすることであり、人心操作ともいえるかもしれない。日本に留まらずマーケティングが発祥し

たアメリカでさえも、非営利組織に対するマーケティングの実施については、世間の見方として厳しいものがあったことを表しているといえる。

3-3　自治体におけるマーケティングの活用

　一方で日本においても、アメリカにおいても、マーケティングの考え方を積極的に取り入れようという動きも活発である。コトラーも「幸い、マーケティングは必要のないものだから好ましくない、という意見は廃れてきている。その理由は非営利組織のマネジャーとその支援者たちが、マーケティングの潜在的可能性を認識するようになったからであり、またかれらがマーケティングを切実に必要とするような状況に直面しているからでもある［フィリップ コトラー, 2005：36］」と述べ、非営利組織がマーケティングを必要とする理由を述べている。またラブロックも非営利企業のマーケティングについて、「ほとんどの非営利組織は、財務的余剰も求めなければ、すべての経費を賄うほどの事業収入も期待していないので、必ず非財務的目標に組織使命の優位性が与えられる。真に現実的な意味において、非ビジネス組織の必要最低限度の存在価値は、ある種の社会的利益の提供にある［クリストファー・H. ラブロック、チャールズ・B. ウェインバーグ, 1991：17］」と述べているように、すべての費用を市場から調達しなければならない民間企業と比較して、別の費用の調達手段を持つ非営利企業は有利だとする考え方もある。

　逆にこの市場の外の費用の調達手段が、足枷でもあることは先述したとおりだ。日本の自治体においても先述したとおり、人口減少や財政的な危機からマーケティングの活動を行うことで、外部から資源を獲得しようという動きがようやく出てきたところであり、コトラーが指摘したように「マーケティングを切実に必要とするような状況に直面している」のが現在の自治体の現実ともいえる。

　実際の自治体の担当者である宮崎県経済商工観光部観光課の前場も著書の中で「従来からお役所仕事などと揶揄されることが多かった公共経営につい

ても 1990 年代から NPM[3] の考え方を導入するなどの行政改革に取り組むようになった自治体が増えるようになった［水越康介、藤田健, 2013：234］」と述べ、その先駆的な動きとして、三重県の北川県政や旧滝沢村村長の柳村などを挙げているものの、こうした行政改革は象徴的な事例だとも述べている。また「内閣府が作成した公共サービス基本方針では、行政経営におけるマーケティング手法の積極的な導入を進めている。しかし、内閣府が指摘するように単に何かしらの顧客志向やマーケティング手法を導入すれば、行政改革が進むというわけではあるまい。行政改革の実現のためには、もう少し踏み込んだマーケティングについての理解が必要とされるように思われる［水越康介、藤田健, 2013：235］」と述べているように、国としても自治体経営に関してマーケティングのアプローチが必要であると認識をしているのである。しかし自治体の担当者もコトラーやラブロックと同様に自治体のマーケティング活動が一筋縄ではいかないことを認識しているといえる。だが一筋縄ではいかないと認識はしつつも、マーケティングの必要性や有用性については実感しているものと考えられる。

3-4　自治体の 4P（マーケティングミックス）分析

　マーケティング施策が自治体運営のひとつの施策としての可能性を持っており、また有用であることは先述したとおりである。ではマーケティングの

3　民間企業における経営手法などを公共部門に適用し、そのマネジメント能力を高め、効率化・活性化を図るという考え方。1980 年代半ば以降、英国やニュージーランドなどにおいて形成された。経済財政諮問会議は、NPM に基づいて、(1) 徹底した競争原理の導入、(2) 業績・成果による評価、(3) 政策の企画立案と実施施行の分離を図り、より効率的で質の高い行政サービスの提供へと向かわせ、行政活動の透明性や説明責任を高め、国民の満足度を向上させることを目指すとしている。例として、(1) では民営化や民間委託、PFI の活用、(2) では事業に関する事前評価業績や成果に関する目標設定と事後的な検証、評価結果の政策決定へのフィードバック、公会計制度の充実、(3) では独立行政法人化、などを挙げている。（知恵蔵 2007）

第2章　非営利組織におけるマーケティング活動

基本的な考え方であるマーケティングミックスの4Pを自治体の活動に当てはめた場合を考察してみたい。最初にProduct（商品）とPrice（価格）について考察を行う。本来であれば、別々に考察すべきではあるが、商品とその商品から受ける便益に対する対価とは密接な関係を有しており、営利企業における新商品開発や商品設計をするうえでも顧客の利便性やニーズから構築される新商品の企画と、その商品をどのような価格で販売をするのかは、同時に検討されることが多い。その際に考慮されるのは、ひとつは便益に対するコストパフォーマンスや顧客心理から算出されるものであり、もうひとつは商品の製造原価を軸として販売した際の利益率などから試算をする方法である。このように商品戦略と価格戦略は切り離せない側面があることから、本節においても同時に検討を行っていく。

　まず各自治体が行っている個別のプロダクトについて考える。法政大学大学院の武藤博己は公共的なサービスを「直営サービス（公務員による提供）」、「行政サービス（行政が責任を持つ領域）（民間委託による提供）」、「公共サービス（公共的な提供が望ましいサービス）（市民・NPO・民間企業による提供）」、「市民社会サービス（市民社会の存続に必要なサービス）」の4つに分類［武藤博己, 2014：6］をしている。また武藤は各分類されたサービスの関係性について、「行政サービス」は「直営サービス」を包括しており、また「公共サービス」は「直営サービス」と「行政サービス」を包括しているとしている。行政のプロダクトの範囲としては様々な意見があると考えられるものの、本書では行政が責任を持ってサービスの提供をする「行政サービス」までを行政が提供するプロダクトとして定義したい。行政サービスには、道路や防犯、図書館など、個別の行政サービスに対して、対価を支払わないものと、窓口で頒布される"住民票の写しの交付"などのように手数料相当額を支払うもの、そして"学校教育""保育"など利用に応じて、相応の金額を支払うものなどが存在する。民間企業では、自社の商材を3種に分類していることが多い。ひとつはサンプル品など無料で試してもらう"試用品（あげる商品）"、もうひとつは大きな利益は上がらないが、集客できる商品である"売れる商品"、そしてロイヤリ

ティが高まった顧客に販売を行う利益率がもっとも高い"儲かる商品（売りたい商品）"である。つまり"試用品"や"売れる商品"でお客を集客した上で、"儲かる商品"の積極的な購買を促すのである。河井はそれらを自治体に当てはめて、自治体が「売りたい商品を"転入"に、あげる商品を"地域の情報提供や特産品のサンプル"などとし、売れる商品を"アンテナショップの特産品や観光"など［河井孝仁, 2011：50］」と表現している。

　これらの行政が提供するサービスの対価（Price）はほとんどが無料、もしくは数百円程度の手数料の授受である。システムの構築費や人件費を考えれば、費用として見合わない金額で行政がサービスを提供できるのは、その多くが税金としていったん費用以上の金額を徴収した上で、それらを個別のサービス開発やシステム運用などに充てているからと考えられる。たとえば道路であれば、道路の建設・整備・維持に多額の税金が投入されているが、その使用料は原則的には徴収されていない。高速道路に関しては使用した区域に対して使用料の徴収があるものの、一般道路に関しては一部自動車税やガソリン税といったかたちで徴収をしているが、当該道路や区域の使用において徴収されているわけではないし、一般の徒歩や自転車に関しては使用に伴う対価が支払われていないのが現状である。また保育園など相応の費用徴収を行っているサービスもあるものの、世帯における所得に応じて費用が異なっていたり、そこで働く人々の人件費の一部が税金で賄われていたりと、認可保育園に関しては税金からの補助があるため、民間と同様にその当該費用のすべてを徴収しているとは言い難い。ではすべての行政サービスにおいて、それぞれのサービスごとに費用を徴収することは可能かと言えば、可能ではあるがそのための費用が莫大に掛かる可能性がある。またその場合には、少数の人のみが必要とする行政のサービスは淘汰される可能性が高い。そういった点を踏まえると、住民税などによる一括徴収ではなく、個別のサービスごとに費用を徴収することは実質的には困難であり、また徴収すべき税額の変更については法律による制約も大きく、自治体ごとに柔軟に税率や税の徴収方法を変更するのは難しいといえる。ただし名古屋市のように住民税の減税

を実施した例[4]もあることから、住民が支払う費用全体を圧縮することは一概的に不可能とはいえない。またPriceとProductについては関連性が強く、例えば赤字であるかとか、利用者が少ないからといった理由で行政が提供するサービスの即時停止や廃止を行うことは行政が提供するサービスという商品特性上難しいうえに、前述したように単体のサービスとして、独立採算的に費用対効果を検証することは困難であると考える。だがすべてのProductがそうだとも一概的にはいえない面があることも事実である。たとえば鉄道や遊行地の運営など、本来行政がしなくても良いサービスについて独立採算的に合わないのであれば、それは廃止もしくは民間への売却などの措置を講じる必要性があると考えられる。

ただし行政が提供するサービスの質とその対価である税金・利用料の関係は、原則的には比例するものであると考えられるため、総合的な自治体のマーケティングを考える際には無視できない重要なファクターのひとつであることは間違いない。行政の提供するサービスが少ない、もしくは質が低い代わりに住民税などの税金が安い街、もしくは行政が提供するサービスがすばらしく充実していて、その代わりに住民税などの税金が高い街という運営も、自治体ごとの個性とするならば将来的には誕生すべきだと筆者は考えている。

次にPlace（立地・流通）であるが、自治体はその行政区域が定められており、合併などで大きくもしくは一部変更になるようなことは考えられるが、立地を大きく変更や移動することはほぼ不可能であるといえる。だが例えば交通網である鉄道や道路などのインフラを整備することによって、該当する市町村がより良い立地となることや新たな立地を形成することは可能ではあるともいえる。鉄道であれば自治体が第三セクターを立ち上げるか、既存の鉄道会社に路線変更をしてもらう必要がある。また道路であれば隣接自治体との交渉も必要であり、市道や町道であったとしてもすぐに路線を変更すること

---

4 名古屋市は2011年12月28日に名古屋市市民税減税条例（名古屋市条例第48号）を公布し、市民税の一律5％減税を実施

は不可能であるともいえる。だが後述する自治体のひとつである千葉県の流山市では、新たな鉄道路線が通ったことを契機に、大規模なマーケティング施策の実施を行い人口の増加を図るとともに、それを機会に大規模な改革に取り組んでいる。また同自治体では、駅前の保育園は順番待ちなのに、郊外の保育園には空きがあるような立地による公共施設の差を解消すべく、出勤前に駅前の送迎ステーションで子どもを預け、帰りに駅で引き取る「駅前送迎保育ステーション」を設置することで、すべての保育園の入園率を上げ、すべての公共施設を有効に活用するなど、立地による行政が提供するサービスの壁を取り払うことに成功をしている例もある。このように行政区域自体は変更できないものの、行政が提供するサービス自体の立地は工夫する余地が残されているといえる。

　最後に Promotion（宣伝）については、これまで多くの自治体が自治体の情報を伝える業務の一環として住民向けの広報活動を行ってきた。また最近では観光広報などの個別広報を中心に広告・宣伝活動なども行われており、イベントや企業誘致活動などに積極的に取り組んでいる自治体も多数見受けられる。交流人口の増加を狙った観光広報活動は現在積極的に行われているし、観光広報などの発展型であるシティセールスやシティプロモーションといった動きも盛んである。シティプロモーションについて河井は「マーケティングの発想はシティプロモーションにとって不可欠である［河井孝仁, 2011：46］」と述べている。プロモーション自体がマーケティングの一部を構築するものであるので、マーケティングの考え方を抜きに語れないのは当然ではあるが、河井は自治体におけるマーケティング活動を「マーケティング・コンセプトを大事にし、標的とすべき市場を選択し、その市場のニーズを選択し、その市場のニーズを探り、そうしたニーズを反映した製品を提供し続けようとする理念である［河井孝仁, 2011：46］」としている。こういったプロモーション活動を、自治体の行政広報活動に導入し、うまく有機的に活用することで自治体としてのブランド力を高め、価値の向上を図ることで、定住人口や交流人口の維持・拡大も図れる可能性を秘めているといえるのではないだろう

か。またこれらの活動は従前から行われている行政の個別広報の一環や拡大として実施が可能であると考えられ、実施についてのハードルが低いといえる。そういった点においても、プロモーション施策の実施・拡大は多くの自治体にとって有効かつ実務的に実践可能な手段であると考えられる。またすぐれた行政サービスを提供していたとしても、そのサービスを自治体の内外にアピールすることができていないのであれば宝の持ち腐れであり、それはないのと同じであるといえる。つまり提供するプロダクトについても多くの人々に伝えることができて初めて価値を見出すともいえるし、たとえ立地が悪くても魅力的なプロダクトがあり、その魅力を外部に向けてきちんと発信できれば、人がやってくることも考えられる。つまりプロモーションは自治体マーケティングにとって、実施しやすいと同時に、核であるともいえる。

第4節　自治体におけるプロモーション活動

4-1　自治体における行政広報の役割

　前節で自治体のマーケティング活動について触れ、行政の提供するサービスを代表的なマーケティングミックスである4Pのフレームワークにおいて考察を行った。それらの4Pと呼ばれるマーケティング活動のなかでも、筆者は行政の一般広報に現在個別広報として行われている対外的なプロモーション機能を包含することで自治体の行政広報活動がより発展的になるのではないかと考えている。一般的にプロモーション活動というと商品やサービスを売り込むための活動である広告や宣伝といった販売促進活動を指すことが多い。民間企業においても、広報部と宣伝部は別の部署であることが一般的で、企業全体のブランディングや企業広報（企業広告などを含む）は広報部が行い、個別商品の広告などは宣伝部などが行うことが一般的である。しかしその場合でも、広報部と宣伝部は同一組織下に置かれる場合や、緊密な連携を行う場合が多いのは先述したとおりである。一方自治体においては、広報組織では民間の広報部で行っている"メディアリレーション活動"や"庁内広報活動"はもちろん、メインの業務として"住民向けのお知らせ広報"を行っていることは先述したとおりである。"住民向けのお知らせ広報"は企業で例えると"既存顧客向けの広報活動"といえ、これらはCRM（Customer Relationship Management）と呼ばれ、マーケティングや専門の部署が行っている例が多いように思う。CRMとは新規の顧客獲得を狙うマーケティングとは異なり、既存顧客への対応などを強化することで既存顧客から得られる価値の最大化を図り、利益を上げるマーケティング手法のことである。またその他の行政広報活動を民間企業に例えれば、"政策広報"は"株主向け広報"、"企業や観光

客の誘致広報"などは"宣伝活動"といえるのではないだろうか。後者の活動については、産業振興課や政策課、観光課など、広報組織以外が個別広報として担当していることが多い。つまり現在の自治体においては、政策ごとに部署が分かれており、各部署が所管している業務に基づく個別広報活動を各組織が行っている状況であるといえる。自治体全体でいえば、自治体の"行政広報活動"としては、狭義の広報に広聴を含んだ広義の広報はもちろん、販売促進活動や広告活動、メディアリレーションやCSRなども含めた幅広い活動を行っているといえる。また三浦は広報という言葉について「広報という言葉は今日、その本来の意味を指示する"周知"のほかに、"広聴"や"啓蒙"などの意味にも使用される［三浦恵次, 1986:3］」と述べ、それぞれの用語についても「"周知"という言葉の意味は経済的には広告、行政的には公示（告示）、また"広聴"の意味は経済的には提案、行政的には広聴、また"啓蒙"の意味は経済的には宣伝、行政的には指導を指示している［三浦恵次, 1986:3］」と説明している。"広聴"が経済的には"提案"と示されているが、現在でいえば、"カスタマーボイス（顧客の声）"といえるのではないだろうか。またそれ以外の用語の置き換えについては、今でも十分通じるものであるといえる。

4-2　自治体における広報活動と広告活動

　行政広報活動はこれまで説明したとおりであるが、民間企業における広報活動とは、企業だけでなく自治体や各種団体が活動内容や商品などの情報発信を行う業務のひとつであり、マスメディアとのリレーションシップの構築や、企業姿勢や財務内容の開示であるディスクロージャー、CSRなども包含しているのが一般的である。広報活動と広告・宣伝（プロモーション）活動は混同されることが多いが、広告が金銭で新聞や雑誌、テレビなどの広告枠を買って商品や企業、自治体の宣伝を行うことであるのに対し、広報とは情報を発信することで、新聞や雑誌などの媒体に記事としての掲載や従業員、地域住民、消費者などの各種ステークホルダーに活動内容などを理解してもら

うことである。またオウンドメディア（広報紙）などの自社が持っているメディアや媒体を開発し、そのメディアを通じて情報を発信することも企業の行っている広報活動の一環である。広報活動の最大の特徴は、情報を発信する側がメディアに対価（お金など）を支払う必要がないことであり、それに情報を取り上げるかどうかはメディア側に決定権があるということである。従来、日本語の「広報」は public information と訳されるように断続的、随時的な「公的な情報」の提供に限定された概念であった。しかし今日では、広報という用語もパブリック・リレーションズとほぼ同義で用いられることが多くなっている。例えば企業の場合、パブリック・リレーションズは、一般大衆、顧客、従業員やその関係者、販売業者、仕入先の関係業者、株主、債権者、銀行などの金融関係、政府諸機関、教育機関、その他あらゆるステークホルダーがその活動の対象となりうる。

　また猪狩は広報組織とはただ伝えるだけではなく、パブリック・リレーションズが求められているとした上で、パブリック・リレーションズについて「広報・パブリック・リレーションズは組織とそれを取り巻く人々・集団との関係を円滑にし、お互いが信頼できる関係をつくり維持する考え方であり、技術である［猪狩誠也, 2007：12］」と定義し、従来的な広報よりも、より広い意味で捉えているといえる。それらの広報活動に対して広告活動とは一般的に、商品やサービスを販売するための宣伝活動の一部を構成しているものであり、コトラーは広告の定義について「広告とは、特定のスポンサーの下で、有料のメディアを通じて行われる非個人的コミュニケーションからなる。雑誌、新聞、ラジオ、テレビ、アウトドア・メディア（ポスター、看板、空中文字広告）、ノベルティ（マッチ箱、カレンダー）、カード、カタログ、住所録、参考書、プログラム、メニュー、チラシ、インターネットのウェブサイト、メッセージ、ダイレクト・メールなど様々なメディアが広告に関わってくる［フィリップ コトラー, 2005：639］」とし、広告の役割について「広告はその名を長期にわたって広める（組織の広告）、特定の提供物を長期にわたって広める（プロダクトまたはサービス広告）、ブランドを構築する（ブランド広告）、セールやサービス、

第 2 章　非営利組織におけるマーケティング活動

イベントの情報を知らせる（案内広告）など、様々な目的で実施することができる［フィリップ コトラー, 2005 : 639-640］」と定義している。つまり、広報活動と広告活動において最も大きな違いは、メッセージの発信に対して自らが制作する媒体以外のメディアに対して媒体費用を支払うか否かと、そのメッセージの内容に対して、メッセージの発信者が管理可能であるかであるといえる。また広告の定義を見て分かるように、従来自治体が行ってきた行政広報活動、とくに個別広報活動には広告的な活動が含まれているといえる。

4-3　行政広報から統合型行政広報（シティコミュニケーション）へ

　そこで本書においては、従来の広報組織が担当し広義の行政広報活動として行われてきた"住民向け広報・広聴活動"や、"メディアリレーション"などの一般広報活動に加え、異なる部課が行なってきた企業誘致や住民誘致などの個別広報活動（広告などのプロモーション活動）や、公債などの募集を行うIR活動などの個別広報も行政広報機能として含めるべきだと考えており、これらの活動すべてを含めて、新たな自治体の"統合型行政広報活動（シティコミュニケーション）"と定義したい。つまり従来から行われてきた広義の行政広報である一般広報に、これまでバラバラに動いてきたプロモーション活動などの個別広報を包含することで、自治体の行政広報活動はより発展的になると考えている。それがイコールで、現在行われているシティプロモーション活動によりちかい概念といえる。ただ先述したとおり歴史的な経緯もあり、現実にはシティプロモーション活動自体も、広報とは独立した組織などが別に行っていることが多く、実際には外部からの資源（人口や観光客など）の獲得に偏っている傾向があるといえる。また"プロモーション"という言葉の意味を考えると宣伝や販促のニュアンスが強く、外部からの資源の獲得に重きが置かれているように感じてしまう。そこで本書では外部から資源を獲得することはもちろん大切ではあるが、地域や住民との共生、既存住民とのリレーションを主とした行政広報を中心に置きつつ、外部から観光客や住民候

補の誘客、産業や企業の誘致といった機能を追加すべきと考えていることから、自治体が行う各ステークホルダーへの"コミュニケーション"活動の強化、もしくは再定義と考えている。そこで従来の"プロモーション"に偏った"シティプロモーション"活動から脱却し、自治体外部、自治体内部の広報活動を両方ともマーケティングの視点で見直す"統合型行政広報（シティコミュニケーション）活動"の推進を提唱していきたい。

4-4　シティコミュニケーションにおける内部広報（インターナルコミュニケーション）と外部広報（エクスターナルコミュニケーション）

　統合型行政広報（シティコミュニケーション）活動においては、行政広報としての活動を住民向けと非住民向けに整理し、従来から行ってきた広義の一般行政広報活動を"内部広報（インターナルコミュニケーション）"と位置づけ、既存顧客である在住住民のロイヤリティ向上のための広報活動とする。つまり既存顧客である在住住民の声を聴き、そしてその声に対する行政サービスを提供することで顧客である住民の満足度を上げ、その自治体に対する好感度を醸成することにより、当該自治体に継続的に住んでもらうことを目的としているのである。マーケティング的にはCRM的な役割を果たすべき活動であると位置づけ、当該自治体に永住、長期的に暮したいと思う住民を増やすことを最終成果目標とすべきであると考える。一方非住民への広報活動は、"外部広報（エクスターナルコミュニケーション）"とし見込顧客である近隣住民や在勤住民などの定住住民候補や、観光客や産業・企業などの誘致に向け、自治体の制作する広報メディアや、マスメディアを通じたパブリシティ活動、広告・宣伝活動などを実施することで、当該自治体における認知や好感度を高め、より多くの定住人口や交流人口、企業誘致などを獲得することを目的とすることとして整理する。これらの活動の詳細については、次章以降で述べることとする。

第 2 章　非営利組織におけるマーケティング活動

第３章　"広義の行政広報"から
　　　"統合型行政広報（シティコミュニケーション）"へ

第3章 "広義の行政広報"から"統合型行政広報（シティコミュニケーション）"へ

第1節　統合型行政広報（シティコミュニケーション）とは

1-1　自治体のプロモーション活動

　近年、"シティセールス"や"シティプロモーション"という言葉に示されるように自治体全体の"プロモーション活動"が脚光を浴びている。多くの自治体でもそのような取組みが活発になっており、2013年4月には東京都の足立区で東京23区では初となるシティプロモーションの専門組織「シティープロモーション課」を設立することが話題になった。シティプロモーションについての研究を行なっている河井はシティプロモーションについて、「地域を持続的に発展させるために、地域の魅力を地域内外に効果的に訴求し、それにより人材・物財・資金・情報などの資源を地域内部で活用可能としていくこと［河井孝仁, 2011：1］」と定義している。『シティプロモーション』で河井はシティプロモーションとは、狭義の行政広報（行政サービスを市民に周知させる）や政策広報（市民に地域課題解決への積極的な参画を促す）が一部に重複した地域広報（地域の魅力を地域内外に訴える）を基礎として捉えられる［河井孝仁, 2011：2］」とも述べている。河井の考える「地域広報を基礎としたシティプロモーション」

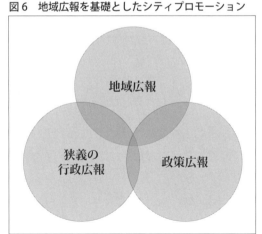

図6　地域広報を基礎としたシティプロモーション

出典：河井孝仁『シティプロモーション（2011）』p.2

のイメージは「図6 地域広報を基礎としたシティプロモーション」で表したとおりである。

つまり河井の考え方では、地域広報（観光広報や政策広報など）と狭義の行政広報は一部では重なるものの、基本的には分けて考えられている。つまり地域広報を基礎としているシティプロモーションと、行政広報とは別のものということになる。前章で述べたとおり筆者は"統合型行政広報（シティコミュニケーション）"という考え方をしており、この考え方は従来の広義の行政広報（自治体内広報・広聴活動）が拡張し、広報活動とは別に従来行政が実施してきた観光広報や産業誘致広報などの個別広報（河井のいう地域広報）を統合した概念であると定義しており、現在多くの自治体で行われているシティプロモーション活動にちかい概念だと考えている。筆者は河井のように、従前から行われてきた行政広報とシティプロモーションを切り離して考えるべきではなく、ひとつの行政広報活動として取り組んでいくべき活動であると考えている。

1-2　プロモーション活動からコミュニケーション活動へ

筆者は"プロモーション"や"セールス"といった言葉には売り込みや押しつけのようなニュアンスが強いのではないかと感じている。例えば、広辞苑（第5版）で各用語を引いてみると、「セールス（販売）」は「売りさばくこと。あきなうこと」であり、「プロモーション（宣伝）」は「主義主張や商品の効能などを多くの人に説明して理解・共鳴させ、ひろめること」となっている。そもそもプロモーションは先述したとおり、マーケティングの一手法であり、企業の商品やサービスを顧客に販売もしくは広めていくための販売促進活動を指しているのである。また1章の1節で述べたように、歴史的にも横浜市や大阪市が海外から企業や観光客を誘致することがこれらの言葉の語源の発祥となっており、自治体を海外に売り込む「シティセールス」や自治体を海外で宣伝する「シティプロモーション」という言葉になったのである。そのような歴史的な経緯もあり、販売的なニュアンスが強く出てしまっ

ているように感じられるのであろう。だが実際に現在さまざまな自治体で行われているシティプロモーション活動は、自治体への定住・交流人口の誘客やイメージアップはもちろん行われているものの、自治体内の住民の満足度向上などもターゲットとなっている。詳細は後述するが、川崎市などは「川崎市シティセールス戦略プラン」とセールスを前面に打ち出しているものの、メインの対象者は自治体内の住民であり、住民の満足度を向上させることで転出者を減らし、人口の維持を図ることを目的に行っているなど、セールスとは少し違うニュアンスの活動が行われているといえる。川崎市以外の自治体でも、既存住民の満足度向上やイメージ向上の施策をシティプロモーションやシティセールスに盛り込んでいる自治体は多数存在しているのが現状である。定住・交流人口の誘客や企業誘致だけを目的とするのであれば、販売促進的な面も強いといえるが、自治体自体の認知度アップや自治体内住民の満足度向上は、販売促進とは少し違う側面を持っていると考えられる。これらを企業活動に例えれば、前者は個別の商品やサービスの販売促進であるが、後者は商品販売施策ではなく、企業などの組織全体のイメージアップや認知度を高める活動であるブランディング活動や企業広報活動にイメージとしては近いのではないのだろうか。また企業内広報を強めることで従業員の満足度や士気を高めること、資本を拠出しているオーナーである株主への説明責任（IR）などにも近いかもしれない。それらの活動は企業広報活動やコーポレートコミュニケーションと呼ばれており、マーケティングが主導で行っているプロモーション活動とは一線を画している企業が多いのが現実である。つまり現在の自治体が行っているシティプロモーション活動は一般の企業におけるマーケティングと広報の両組織が持つ機能を取り込んでおり、現在の自治体が行っている範囲を考えればプロモーションという名称よりも、コミュニケーションの方がよりちかいといえる。

　ではなぜこのような名称になっているかを考えれば、先述したとおり、シティセールスは他国の企業に横浜市を売り込むことで企業誘致を狙ったことに端を発しており、シティプロモーションも大阪市の観光広報として大阪市

を海外にプロモーション（宣伝）し、海外からの観光客を誘致することがそのはしりとなっているからであろう。つまり当初は自治体を他地区に売り込む（セールス）、宣伝（プロモーション）することから考え方がスタートをしており、その後その包含する領域が拡大したにもかかわらずその名称を使い続けていることが理由であると考えられる。また従来から自治体内で行われてきた行政広報活動は広報組織がそのまま継続しつつも、他地区への売り込みが先行したこともあり、重点的な施策として行われてきた個別広報である観光広報や産業広報がシティプロモーション活動の中心的な役割になったこともその要因のひとつと考えられる。実際に、先述したとおり「図3 478市区のアンケート調査結果」によると、広報組織とシティプロモーション組織が同じ組織である自治体は約2割という結果となっており、行政広報活動とシティプロモーション活動は、現在も別の組織が担っている自治体が多いのが現状である。

1-3　内部広報（インターナルコミュニケーション）と
　　　　外部広報（エクスターナルコミュニケーション）活動

　北海道大学大学院の北村倫夫は自治体の広報活動を「広報コミュニケーション活動」であるとした上で、「マーケティングコミュニケーション」「コーポレートコミュニケーション」「リスクコミュニケーション」の3種類に分類をしている。北村の分類では、「マーケティングコミュニケーション」は、「自治体の政策やサービスの認知・理解・好意・利用の喚起に向けたコミュニケーション活動（情報やメッセージの伝達行為）［北村倫夫, 2008：18］」と、「コーポレートコミュニケーション」を「自治体組織と市民・企業・職員などの間で"より良き信頼関係"の構築を目的とする、外及び内に向けたコミュニケーション活動（市民向け、投資家向け、報道機関向け、職員向け等）［北村倫夫, 2008：18］」と、「リスクコミュニケーション」を「大規模自然災害や重大犯罪などの発生に際して、市民に対してリスクの軽減や措置に対する情報収集・提供を行うコミュニケーション活動［北村倫夫, 2008：18］」と分類・定義している。北村

第3章 "広義の行政広報"から"統合型行政広報（シティコミュニケーション）"へ

の定義をコミュニケーション別に整理したのが「表2 都市・地域間競争の時代に対応した自治体における戦略的広報分野」である。また北村は自治体が戦略的に行っていく広報の分野として、「第一はマーケティングコミュニケーションを重視した広報である。自治体が特に認識し、力を入れていかなくてはならないのが、政策広報、観光広報、産業広報、定住広報、生活広報、環境広報である。第二はコーポレートコミュニケーションを重視した広報である。自治体に求められるのは、投資広報、メディア広報、CSR広報、庁内広報の実施である。第三は、リスクコミュニケーションを重視した広報である。社会危機管理広報、組織危機管理広報が重要である［北村倫夫, 2008：19-20］」と述べている。

　北村は伝えるメッセージを切り口として、「コーポレートコミュニケーション」と「マーケティングコミュニケーション」に分類しており、民間企業においてもこの分け方は一般的である。民間企業では、一般的に「コーポレートコミュニケーション」を「広報」として広報組織が、「マーケティングコミュ

表2　都市・地域間競争の時代に対応した自治体における戦略的広報分野

分類		主な対象	主な目的
マーケティングコミュニケーション	政策広報	市民・企業・NPO	政策・計画、行政評価に関わる情報の相互伝達
	観光広報	ビジター	観光・イベント・コンベンション等における外部からの集客促進
	産業広報	企業・機関	産業・機関・物流・事業投資などの誘引、立地企業への利便情報の提供
	定住広報	移住者	地域への定住(移住)や半定住の促進(UIターンの促進)
	生活広報	生活者	公共サービス・施設などの利便性向上、より良く生きるための知恵・知識の提供
	環境広報	生活者・企業	生活者に対する環境教育、企業に対する環境共生の取り組み促進
コーポレートコミュニケーション	投資広報	投資家	地方債の消化による資金調達促進、市民参加型事業の進歩報告
	メディア広報	マスメディア	マスメディアに対する正確な情報提供、良好な関係の維持
	CSR広報	社会	社会的責任、社会貢献の実績の公開
	庁内広報	職員	組織運営ビジョンの共有
リスクコミュニケーション	社会危機管理広報	全市民	平時における防災情報の提供、有事における安否情報、災害対応情報の提供
	組織危機管理広報	社会	事件・災害の有事における組織損害の最小化

出典：北村倫夫『都市問題研究第60巻9号（2008年）「都市・地域間競争の時代における自治体広報戦略」』p.19

図7 統合型行政広報（シティコミュニケーション）のイメージ

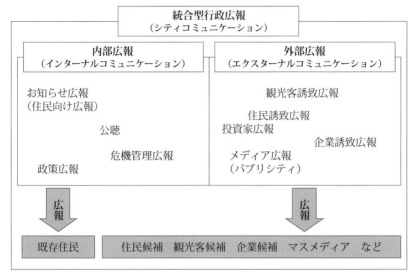

出典：筆者作成

ニケーション」を「宣伝」としマーケティング組織が担当するように分類していることが多い。企業において「コーポレートコミュニケーション」は企業自身の広報活動や宣伝活動を指し、企業と社会の橋渡しを担うものである。また「マーケティングコミュニケーション」は広告を中心としたいわば商品のコミュニケーション活動であり、商品の販売促進を指すものである。北村の分類も企業の仕組みをベースに分類されているものの、先述したとおり自治体がこれまで行ってきた行政広報のベースは住民向け広報であり、プロモーションをベースとする「マーケティングコミュニケーション」に住民向けの「生活広報」や「政策広報」などが含まれているなど、従来からの流れを汲む行政広報としては違和感を覚える分類となっている。

　そこで本書においては、伝える対象でコミュニケーションの分類を行うものとする。従来行われてきた広義の行政広報活動については広報としての対象が住民であり、自治体の広報組織が担ってきた住民向けの一般広報（政策広

第3章 "広義の行政広報" から "統合型行政広報（シティコミュニケーション）" へ

図8　従来的な行政広報のイメージ図

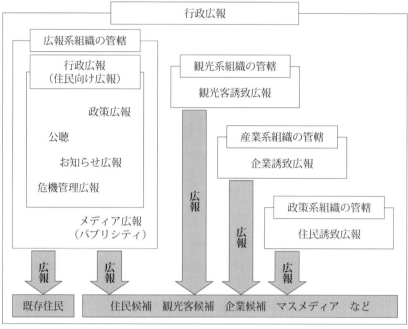

出典：筆者作成

報や生活広報）を"内部広報（インターナルコミュニケーション）活動"とし、これまで観光組織や産業組織、政策組織などの各組織が行ってきた観光客や住民の誘客の為の個別広報や宣伝活動を"外部広報（エクスターナルコミュニケーション）活動"とし、それらをひとつにした概念を"統合型行政広報（シティコミュニケーション）"とすることで、それぞれの組織が行ってきた広報（コミュニケーション）活動を一体化させることで整理することとしたい。この統合的行政広報（シティコミュニケーション）を図化したものが「図7 統合型行政広報活動（シティコミュニケーション）のイメージ」であり、従前の行政広報と比較するために「図8 従来的な行政広報活動のイメージ図」で従来の行政広報を図化した。つまり行政広報の機能を従来からある組織で括るのではなく、目的や伝える対象に応じて、機能別に分けることを提案したい。

マーケティングの視点で考えれば、前者が既存顧客である在住住民のロイヤリティ向上のための広報活動であり、後者が当該自治体における認知・好感度を高め、より多くの定住人口や交流人口を獲得することを目的とする広報活動であるといえる。河井の述べている政策広報は住民の地域参画を促すものであり、筆者の分類では当該自治体へのロイヤリティを高めるための内部広報の一環であると考えられる。同時に北村の挙げているリスクコミュニケーションは、自治体の危機管理の第一義は住民が対象であり、危機管理がしっかりできていない自治体で暮らすことに住民は不安を覚えることから、住民の安心感を高め、定住を促進する内部広報活動に含むものと考えられる。また「表3 内部広報と外部広報の比較」では、内部広報と外部広報の比較を示しているが、広報活動ごとにまずは目的を明確にし、そしてそのターゲットをはっきりした上で、広報ツールの制作・活用を行うべきである。従来の代表的な媒体も、筆者の考えに基づいて表3上で分類を行った。これまでは自治体の行政広報は戦後から一貫して、前章で述べたように住民に対する広報・広聴やマスメディアに対するパブリシティ獲得活動がメインとして行われてきた。そして広報とは別の動きとして、産業政策を行う産業課や観光客誘致を行う観光課、住民誘致を行う政策課などが、個別に外部に対して交流人口や定住人口の増加を図った観光宣伝や企業誘致を図る施策や広報活動な

表3　内部広報と外部広報の比較

	統合型行政広報（シティコミュニケーション）	
	内部広報 （インターナルコミュニケーション）	外部広報 （エクスターナルコミュニケーション）
目的	住民の満足度を上げ、さらなる定住や口コミなどによる外部誘引を目指す	新規住民や観光客の増加、企業誘致などを目指す
ターゲット	住民など	近隣住民、通勤・通学者、観光客、企業など
方法	従来の行政広報（広報・公聴）や住民向けのお知らせ、政策広報など	ターゲット向けの広告など（定住促進広報や観光広報など）
既存媒体の活用	住民向け広報紙、ポスター、パブリシティ、ホームページ、住民向けイベントなど	広告、外部向け広報紙、リーフレット、パブリシティ、ホームページ、誘客イベントなど

出典：筆者作成

第3章 "広義の行政広報"から"統合型行政広報(シティコミュニケーション)"へ

どが行われてきていたのが現状である。統合型行政広報(シティコミュニケーション)は今まで広報や政策、観光など、自治体の各組織が縦割りに行ってきた広報関連の施策を統合的に考える概念なのである。現在、多くの自治体で取り組んでいるシティセールスやシティプロモーションは、広義の行政広報機能は持たないことが多いものの内部広報と外部広報を包含しているパターンが多いことから、筆者の唱える統合型行政広報(シティコミュニケーション)にちかい概念と捉えることが可能である。

第2節　自治体のシティプロモーション（セールス）の現状

2-1　自治体がシティプロモーション（セールス）を実施する理由

　現在多くの自治体でシティプロモーション課や室などの組織の立ち上げや、シティプロモーション戦略の立案などが行われている。本節では筆者の提唱した「統合型行政広報（シティコミュニケーション）」とちがい概念であり、現在多くの自治体で取り組んでいるシティプロモーションやシティセールス活動について整理し述べることとする。河井は現在の自治体がシティプロモーションを必要とする3つの環境要因として、「財政的な課題（三位一体の改革）」、「平成の大合併（新自治体に対する帰属意識、参画意識の欠如）」、「趨勢としての少子高齢化（生産年齢人口の減少）」[河井孝仁, 2011 : 5]」を挙げている。これら3点が各自治体のシティプロモーション実施の動機の大きな要因のひとつになっていることは確かであろう。この3点に共通していえることは、自治体経営的な考え方とそれに伴う都市間競争である。三位一体の改革によって、従来国が行ってきた行政サービスの一部を自治体で行わなくてはならなくなったが、大規模な公共サービスはある程度の規模がなければ成り立たせることが厳しいのが現実である。そこから市町村の合併による規模の利益の追求が始まっているともいえる。また5自治体や6自治体といった大規模な合併は、生まれ育った市町村と名称や規模感などが異なるため、従前から住んでいた住民は自治体への帰属意識が育ちにくくなったのかもしれない。それは長い目で見れば、他の自治体への人口の流出の原因のひとつにもなりえる。
　たとえば東京都の足立区が23区初の自治体のプロモーション組織である「シティープロモーション課」を設立した目的は、足立区のホームページによると「足立区の世論調査では、2009年（平成21年）時点で7割近い人が「区

第3章 "広義の行政広報"から"統合型行政広報（シティコミュニケーション）"へ

に愛着を持っている」と答える一方で、「誇りを持っている」と答える人の割合が34.8％という現状でした。これは「治安が悪い」「貧困者が多い」「子供の学力が低い」といったイメージと実態のギャップから生まれているものでした。このギャップを埋めるべく、2010年度（平成22年度）に23区で初のシティプロモーション課を創設しました。足立区にとってシティプロモーションは新たな分野であり、早期の実現を図りたいことから、担当者たる課長・係長には企画力や調整力、デザインセンスといった能力を持つ民間経験者を採用しました」とその目的について説明をしている。つまり足立区のシティプロモーションは外から人を誘致することを目的としているのではなく、内部的問題の解決を図ることを目指しているといえる。換言すれば足立区の地元の住民は地元足立区が好きな一方で、外部からのあまり良くないイメージや評判から足立区に住んでいることを誇りに思えない状況が続いている。それが続けば、足立区から別の自治体に移ってしまうことにつながってしまうという危機感からスタートしているのである。だからこそ、外部的なイメージを改善することで、住民が誇りを持てる街をつくり上げれば、現状の在住住民のプライドが高まり、長く住んでもらえるということにつながり、足立区としてはそれを目指していると考えられる。足立区のシティプロモーションの目的は、外から人（観光客や住民）を誘致するのではなく、既存の住民の満足度や帰属意識の高まりを狙って、長く住み続けてもらうことを目的としているのである。それは従前から行われてきた行政広報と目的は同じであるといえるし、シティプロモーションは外から人を誘致するだけの施策ではないともいえる。先程都市間競争の発生と述べたが、都市同士で人（住民や観光客）を取り合うのではなく、筆者はその都市にあったプロモーション（コミュニケーション）戦略を立案し、実行することが大切であると考えている。

2-2　シティプロモーション（コミュニケーション）を推進する組織体制

現在、シティプロモーションを実行するための組織体制を整備している自

124

治体も多い。例えば足立区では早期に結果を出すことを優先し、シティープロモーション課の課長と係長を民間から登用しており、課長には広告代理店勤務で主に営業として CM 制作などに携わってきた広告マンを起用することで、足立区のシティプロモーション活動の早期立ち上げ目指している。

　いまでは自治体の魅力を最大限にコミュニケーションすることを目的とする組織を立ち上げている自治体は珍しくないが、その先駆けとなる自治体のひとつは千葉県の流山市であると筆者は考えている。流山市は 2004 年 4 月には市町村などの基礎自治体としては日本初となるマーケティング課を設置している。つくばエクスプレスの開業にあわせて定住人口の増加を狙ったマーケティング活動を積極的に進め、メディアなどでも大きな話題となった。流山市が行っているマーケティング活動の詳細については次章で後述するが、その活動については一定の成果があったと筆者は考えている。実際に流山市の成功や熊本県のくまモンなどの成功に触発されたのか、その後多くの自治体でシティプロモーションへの取組みが進められている。かすかべ未来研究所の調べによると、「図 9 特例市・中核市・政令指定都市のシティセールス推進体制の状況」のように 2012 年 6 月時点で、101 の自治体がシティプロモーション活動に取り組んでいることが分かる。だがシティプロモーション推進の推進専門組織を持っている自治体は 33 自治体と約 3 割、シティプロモーションに関する戦略を規定している自治体は 21 と約 2 割の状況である。つまりシティプロモーションを実施していると明言している自治体の中でシティプロモーションの組織や戦略、計画などを持っている自治体は約半数以

図 9　特例市・中核市・政令指定都市のシティセールス推進体制の状況（2012 年 6 月時点）

区分	数	シティセールス部門の設置数		統括部門がある自治体における戦略・指針の策定	
		実数	設置数	実数	策定率
特例市	40	5	13%	1	20%
中核市	41	14	34%	11	79%
政令指定都市	20	14	70%	9	64%

出典：かすかべ未来研究所「広報戦略」調査研究チーム『かすかべ未来研究所 平成 24 年度研究報告（2013 年）』p.13

第3章 "広義の行政広報"から"統合型行政広報（シティコミュニケーション）"へ

表4 「シティプロモーション」戦略を立案している自治体

戦略名称	制定年
仙台市シティセールス戦略プラン	2004年
川崎市シティセールス戦略プラン	2005年3月
新潟市シティプロモーション推進戦略プラン	2006年4月
浜松市シティプロモーション戦略	2006年5月
静岡市シティセールス基本方針	2006年12月
鈴鹿市シティセールス戦略	2007年7月
千葉市シティセールス戦略プラン	2007年10月
相模原市シティセールス推進指針	2008年3月
薩摩川内ブランド計画	2009年3月
郡山市シティセールス基本方針	2009年3月
熊本シティブランド戦略プラン	2009年3月
宇都宮ブランド戦略指針	2009年3月
豊橋市シティプロモーション戦略ビジョン	2009年12月
富山市シティプロモーション推進計画	2009年12月
磐田市広報戦略プラン	2010年
久留米都市ブランド戦略プラン	2010年3月
東広島市シティプロモーション戦略プラン	2011年2月
戸田市シティセールス戦略	2011年6月
松戸市広報戦略	2011年8月
徳島市におけるシティプロモーション戦略	2012年2月
北広島市シティセールス事業業務委託基本戦略プラン	2012年5月
玉野市シティセールス戦略	2012年6月
豊川市シティセールス戦略プラン	2012年8月
弘前市シティプロモーション推進方針	2012年8月
ふじえだシティ・プロモーション戦略	2012年8月
ながのシティプロモーション推進プラン	2013年1月
熱海市シティプロモーション基本指針	2013年2月
尼崎版シティプロモーション推進指針	2013年2月
和泉シティプロモーション戦略	2013年3月
柏崎市シティセールス推進計画	2013年3月
久喜市シティプロモーション推進指針	2013年3月
まちだシティプロモーション基本方針	2013年3月
松山市都市ブランド戦略プラン	2013年4月
つくば市東京事務所シティセールスアクションプラン	2013年4月
名取市シティセールス係取組方針	2013年6月
練馬区広報戦略基本方針	2013年9月
草津市シティセールス戦略基本プラン	2013年10月
宇部市シティセールス基本方針	2013年12月

出典：各市のホームページを基に筆者作成

下という状況である。つまりシティプロモーションをやってはいると公言しているものの、やり方を模索しているのか、それとも他の自治体に追随してやっていると公言しているだけともいえる。それは前述した自治体のホームページのように「情報を掲載することが大事」と同様、「シティプロモーションに取り組んでいます」と公言することが大事という状況となってしまっていることが分かる。つまり多くの自治体でシティプロモーションに取り組んでいるとはいっても、それは首長による掛け声だけや、従来から行われていた観光広報や政策広報をシティプロモーションと名称変更しているだけなのである。

　例えば、「表4　シティプロモーション戦略を立案している自治体」は筆者が調査した各自治体のシティプロモーション（セールス）戦略であるが、2013年12月時点で38自治体の戦略が確認できた。その戦略の制定年でみてみると、やはり政令指定都市の制定が早く、2004年から2006年ぐらいに複数の政令指定都市で制定されている。その後、2007年ごろから中核市や特例市レベルでも制定が始まっていることが分かる。2004年から2009年までの4年間で制定している自治体が8自治体に対して、2009年以降の4年間で30自治体が制定していることから、ここ数年で急速に増えている現状がみてとれる。だがシティプロモーション戦略のこの急激な増え方はあまり望ましくないのではと筆者は感じている。これまで述べてきたとり、シティプロモーションは画一的にできるものではなく、自治体ごとにしっかり分析、評価をしたうえで、行うべきものである。つまり他の自治体を追随して形だけ整えたとしても、結果として中身が伴わないシティプロモーション活動となってしまい、失敗してしまうのではないのだろうか。そしてシティプロモーション活動が一種のブームのようになってしまうなかで、失敗する自治体が増えていくと、すぐに廃れてしまう危険性をはらんでいる。次節では、シティプロモーションを初期にスタートさせた自治体の戦略を比較検討するとともに、自治体のシティプロモーション活動とはどうあるべきかを模索していく。

第3節　自治体における
　　　　シティプロモーション（セールス）戦略の比較

3-1　各市のシティプロモーション（セールス）戦略の概要

　前節で述べたように、現在多くの自治体でシティプロモーション（セールス）活動を推進しているものの、シティプロモーションを実施している自治体の約2割しか戦略を立案していないのが現状である。マーケティングの視点で考えた場合、目的やターゲットをきちんと定め、施策の前提となる戦略は必要不可欠であり、手当たりしだいや適当にやって成功をするものではないといえる。また戦略を立案し、対外的に公表をしているということは、自治体としてシティプロモーションに力を入れて行っていくことの意思表明ともとれる。本節では自治体におけるシティプロモーション戦略から、各自治体のシティプロモーションの実施内容についての考察を行う。とくにシティプロモーション戦略についての比較を行うに際し、手探りの中2004年から2006年と他と比べ早い時期にシティプロモーション（セールス含む）の戦略を立案し、スタートをしている仙台市、川崎市、浜松市、新潟市、静岡市の5市について検討を行いたい。この5市を選んだ理由として、他の自治体に先んじて戦略を立案しており、先例がないことから自治体ごとに戦略の特徴が出るのではないかという期待と、それ以降に立案する場合は前例を参考にしてしまい似たような戦略になってしまうことが考えられることから、今回は5自治体に絞って検討を行う。今回比較を行う5市のシティプロモーション（シティセールス）戦略を簡単にまとめたものが、「表5　シティプロモーション戦略の比較」である（その後改定なども行われているため、スタート時の戦略計画をベースとしている）。

表5　シティプロモーション戦略の比較

自治体名	仙台市	川崎市	浜松市	新潟市	静岡市
日時	2004年	2005年3月	2006年5月	2006年4月	2006年12月
部署	仙台市シティセールス戦略プラン	川崎市シティセールス戦略プラン	浜松市シティプロモーション戦略	新潟市シティプロモーション推進戦略プラン	静岡市シティセールス基本方針
目的要約	安心と魅力ある市民生活のニーズに応えていくためには、資源を最大活用するための都市経営的・世界戦略的な視点に立つために実施	芳しくない川崎のイメージ改善や市民の一体感を醸成することで、良好な都市イメージの形成を図るために実施	魅力や実力と都市の認知度との間には開きがあり、「浜松」の実力や魅力を国内外に知ってもらうために実施	政令市への移行を契機として、新しい新潟市の特徴を見つめ直し、魅力的で個性的な都市づくりを進めることを目的に実施	ポテンシャルがありながらも、統一されたPR方針がなかったために知名度が低かったことを解決するために実施
目標	○交流人口の増加 ○成長分野産業の誘致・対内投資の推進 ○高次な技術やノウハウの蓄積 ○人的資源の獲得・活用	①川崎の対外的な認知度やイメージの向上 ②市民による川崎魅力の再発見、市民としての誇りや一体感の醸成 ③川崎らしさを活かした川崎ならではの魅力や活力の創出	『知って・来てもらう』 『見て・感動してもらう』 『好きになって・住んでもらう』	「市民が誇り、多くの人が集い交流する街」 まちの魅力向上 経済波及による地域の活性化	「集客交流都市の実現」～気になる静岡市、行きたい静岡市～ まちの魅力向上 認知度、イメージの向上 市民の誇りや愛着心の向上
対象とエリア		①対象エリア：東京、横浜といった川崎に隣接する地域、そして首都圏、全国、さらには世界といった、より広いエリアに拡大 対象者：子どもや若者、中高年層、ビジネスチャンスを求める人や企業等 ②対象エリア：全市 対象者：全市民、毎年10万人規模の転入・転出者			ターゲット：女性、こども、趣味等関心層、シルバー層 エリア：首都圏、甲信越地域、静岡空港就航エリア、東アジア地域
具体的な数値目標	産業誘致・経済交流戦略：製造業・ソフトウエア事業所を18年度までに30件 観光集客戦略：14年度実績380万人⇒18年度460万人 コンベンション誘致戦略：14年度実績250件⇒18年度300件 学術・文化交流戦略：仙台の知的創造拠点としてのイメージ向上	良好な都市イメージの向上（まちのイメージをよいと思う人の割合の向上（「よい」「ややよい」の合計）26%（現状）→30%33%36%50%	交流人口：2010年までに年間1,800万人 定住人口：2005年対比で12,000人増		

出典：各市のシティプロモーション（シティセールス）戦略を基に筆者作成

第3章 "広義の行政広報"から"統合型行政広報（シティコミュニケーション）"へ

　2004年から2006年と早い時期に戦略立案を行っている自治体のすべてが政令指定都市であり、規模の大きい自治体が先行をして実施している状況がみて取れる。またこれらの自治体の中でも大きく2つに分類ができ、ひとつは新潟市（2007年に政令指定都市へ移行）や浜松市（2007年に政令指定都市へ移行）のように政令指定都市になる直前や静岡市のように直後（2005年に政令指定都市へ移行）にシティプロモーション戦略を打ち立てている政令指定都市としての歴史が若い自治体であり、またもうひとつは仙台市や川崎市のように政令指定都市としての歴史が長い自治体である。前者に関しては目的にも政令指定都市への移行を契機などと記載していることからも、シティプロモーション戦略をスタートさせるにあたり政令指定都市化は、ひとつの契機になっていることが伺える。またそれらの市に共通する目的として、各市の能力やポテンシャルに対して、外部からの認知や評価が低いことを挙げているのも大きな特徴である。つまり自らの自治体が他の都市よりも優れていると考えており、言い方を変えれば自負心が強いともいえる。一方で、後者の2自治体については各市の特徴を反映しており、仙台市については都市間競争に勝ち抜くために市の総合計画の一環としてプロモーション戦略の強化を図っている。川崎市については、歴史的な経緯である公害都市（京浜工業地帯）のイメージ脱却を図り、都市イメージを向上させるとともに、住民の一体感を育むことを目的としている。

3-2　シティプロモーション（セールス）戦略の目的

　各市がシティプロモーションによって得たい効果については、大きく3つに分類ができる。ひとつは都市としてのイメージや認知の向上であり、5市すべてが目標として掲げている。2つ目は市民の満足度や愛着心の向上、誇りの醸成であり、川崎市、新潟市、静岡市などが目標として掲げている。そして3つ目は外部からの人や産業の誘引であり、交流人口や定住人口の増加、企業誘致などで、仙台市、浜松市、新潟市、静岡市の4市が掲げている。以

上からいえることは、自治体におけるシティプロモーションの最大の目的は都市イメージの向上であり、その結果として交流人口の増加や定住の促進、企業誘致、住民の満足度の向上を図ることを目的としているといえる。

　そのシティプロモーション戦略の中身を具体的にみていくと、市民の満足度や誇りの向上を狙っているのは、川崎市や静岡市であり、とくに川崎市は他市と比べ独特の戦略で交流人口や定住人口の増加をあまり意識していないことが伺える。川崎市は高年齢層に多い高度経済成長時代の公害都市川崎のイメージから現在も抜け切れていないと考えており、その脱却を戦略の中心においている。ターゲットとなる対象者も具体的に定め、公害イメージの少ない若年層や公害イメージの強い年配者、そして住民（とくに転入転出者）としている。エリアは首都圏から世界までと、少し絞りきれていない感はいなめないものの、具体的な数値目標も定めている。数値目標は"都市イメージの改善"を最大の焦点としていることから、都市イメージ調査の結果を上げることを目標としている。ただ川崎市がイメージの向上に特化できるのは、東京や横浜のベッドタウンとなっており安定した人口の流入が見込めること、そして近年の民間による駅前再開発などによって年間10万近い人口の流入があることから、自治体が主体となって定住人口を増やす必要がないという他の自治体にはない良い環境があるからともいえる。ただし転出者も多く年間10万人ちかい転出があることから、転出者を食い止めるための施策として、住民向けのシティプロモーションを強化することでイメージの向上を図り、流出を食い止め定住を促進することを狙っていると考えられる。それによって定住人口の維持・増加を目指しており、それは静岡市も同様の戦略であると考えられる。

　次に交流人口の増加であるが、これは4市が新規の増加を目的とするなど、シティプロモーションにおける中心的な目標のひとつといえる。その戦略の中でターゲットとなるエリアや対象を絞っているのは、新潟市と静岡市であり、ターゲットとなる対象としては両市ともに自治体のブランド（地域特産品など）に興味のある人としており、新潟市であれば"花"や"農産物"、静岡

第3章 "広義の行政広報"から"統合型行政広報(シティコミュニケーション)"へ

市であれば"ホビー"などが挙げられている。ターゲットとなるエリアであるが、新潟市はアジア地域と首都圏、静岡市も首都圏、甲信越や東アジアなどを挙げており、ターゲットとなる地域が被っていることが特徴的である。国内においてはやはり人口集積率の高い首都圏、また海外においては比較的近い距離にあり、各市の周辺から直行便が出ているアジア圏ということになるといえる(新潟市は新潟空港、静岡市は富士山静岡空港)。浜松市や仙台市などはエリアやターゲットを明確に提示していないものの、目標とする数値目標をはっきりと示している。仙台市であれば、交流人口を年間380万人(2002年)から460万人(2006年)に増やすとしており、コンベンションや事業所数についても数値目標を定めている。また浜松市も2005年から戦略をスタートさせており、5年後の2010年までに交流人口を1,800万人に増やすことを目標としており、あわせて定住人口についても18,000人増やすことを目標として掲げている。ターゲットとなる対象者やエリアを定めている2市が数値目標を定めず、逆に数値目標を定めている2市がターゲットやエリアなどを定めていないのは不思議である。本来であれば、両方とも大切であり、目標となる数値目標を定めた上で、その目標に到達するためのターゲットやエリアを絞り、そのターゲットに到達するコミュニケーション施策を考え、実施すべきなのである。

3-3 シティプロモーション(セールス)戦略の今後

シティプロモーション(セールス)戦略において、ターゲットかエリアのどちらかのみを定めているのは、車輪の片方がない状態で走っている車のような状況ともいえる。しかし自治体の戦略において、浜松市や仙台市のように数値目標をしっかりと定めていることは高く評価できる。数値目標は、その結果が一目で分かるため、その成否や責任についても、問われやすい性質を持っている。そのため曖昧にしたがる人や組織が多いのも事実である。また人口の誘引に関しては、4市すべてが交流人口の増加を目標として掲げてい

るのに対して、定住人口の増加を掲げているのは浜松市のみという状況であり、浜松市については外部から交流人口・定住人口の両方の獲得を目指していることが分かる。とくに浜松市は戦略プラン上で、何度か観光などで訪れた人々が浜松を気に入り、そのまま定住してもらうことを狙っているのである。そういう意味では、浜松市の交流人口の増加から、定住人口の増加につなげる戦略は理に適っているともいえる。ただし顧客マインドとしても、"観光"はマーケティング用語でいうところの"最寄品（食材などの生活日常品）"のようなもので気軽にできるが、定住は"買回品（車などの耐久消費財）"のようなもので、ハードルが高いともいえる。戦略の方向性としては理に適っているのだが、同時期に実施するのは厳しいともいえる。中期的に観光に注力し観光人口を増加させつつ、定住の増加は長期的なスパンでみていく必要があると考えられる。

　シティプロモーション（シティセールス）戦略では外部からの人口の誘引に関しては川崎市を除く4市が行っているのに対して、市民の満足度や誇りの向上を狙っているのは川崎市と静岡市の2市であり、多くの自治体が外部からの誘引をメインの戦略としていることが分かった。つまり、現在のシティプロモーション戦略は、観光客や住民などを外部から誘引することにフォーカスしている自治体が多いのが現状である。だが川崎市のように、住民向けのシティプロモーションを強化することでイメージの向上を図り、流出を食い止め定住を促進することを狙っている自治体もあり、自治体によって内部広報（インターナルコミュニケーション）、外部広報（エクスターナルコミュニケーション）の両方が行われていることがわかった。次章では内部広報や外部広報について、とくに力を入れて行っている自治体を取り上げ、その具体的な事例と成功のポイントなどについて、考察することとする。

第3章 "広義の行政広報"から"統合型行政広報（シティコミュニケーション）"へ

第4章　自治体における広報・広告活動の事例と
　　　その比較について

第1節　シティプロモーション実施自治体と
　　　　それ以外の自治体の比較〜千葉県流山市を例に〜

1-1　千葉県流山市の概要

　千葉県にある流山市は千葉県の北西部に位置し、東は千葉県柏市、西は江戸川を隔てて埼玉県三郷市と吉川市、南は千葉県松戸市、北は千葉県野田市に接し、都心から約25キロメートル圏に位置している。流山市は2005年8月のつくばエクスプレス開業（流山市内には南流山駅、流山セントラルパーク駅、流山おおたかの森駅の3駅が設置）にあわせて、首都圏を中心に対外的な広報活動を実施したことで知られる。

　つくばエクスプレス開業に先立ち、2003年10月には流山市役所内に企画部企画政策課マーケティング室を設置し、2004年4月には市町村などの基礎自治体としては日本初となるマーケティング課を設置した。新しいまちづくりを進めるにあたっては、企業・学術機関・市民団体等と連携を組み、マーケティング活動を積極的に進めていくため、マーケティング課長をはじめ、マーケティング課員の半数以上が民間からの登用である。マーケティング課設置の背景にあったのは、全国どこの自治体も頭を悩ませる人口減少・少子高齢化などの問題である。とくに住民税が税収の約半分を占め、さらに住民税の9割超を個人住民税が占める流山市では、この問題の影響を大きく受けることになるため、世代循環を可能とする働き盛り世代の住民誘致を推進することが必要であった。

1-2　千葉県流山市のマーケティング戦略

　流山市はつくばエクスプレスの交通利便性と、緑豊かで良質な住環境を兼ね備えた「都心から一番近い森のまち」をコンセプトに掲げ、共働き子育て夫婦世帯を中心に定住人口を増加させることを最終目標として、マーケティング活動に取り組んでいる。なかでも、共働き子育て夫婦をあらわす「DEWKS (Double employed with kids)」にターゲットをしぼった5つの外部広報活動を中心に展開してきた。1.首都圏主要鉄道駅へ広告掲出により、都心に通勤・在住する人にアピール、2.「流山グリーンフェスティバル」や「森のマルシェ」などのDEWKS世代が好む「遊ぶ、食べる」イベントを開催、3.テレビ・雑誌等のマス媒体への積極的な情報発信を行い、テレビの情報番組やドラマ、バラエティ番組で紹介されるよう働きかけを実施、4.フィルムコミッション運営（映画等の撮影場所誘致や撮影支援をする機関）による活性化と情報発信力の強化、5.市の公式ホームページとは別に、30代女性をターゲットにした市のPRサイト（CUTECUTE）を運営し、メール配信やSNSなどによる情報発信を積極的に実施している。

　これらの施策のなかでもとくに話題になったのは、「図10 流山市の実施していた駅貼り広告『父になるなら流山市』『母になるなら流山市』」の駅貼り広告であろう。流山市は2012年11月に銀座や表参道、六本木など都内の25のターミナル駅で、流山市外や都内からの移住を促す大型ポスターを掲出したのである。自治体がこれほどまで大々的にマス広告を用いた対外的な宣伝活動を実施した例は珍しく、ネットやメディアなどでも話題になった施策のひとつである。

　これらのポスターは流山市のキャッチコピーである「母になるなら、流山市」、「父になるなら、流山市」とともに多くの人の目にとまることとなった。またこれらのポスターには、実際に首都圏や横浜市から転入した市民を広告のモデルに採用しており、それぞれの移住の理由も一緒に語られている。

この広告の効果を図る指標として適切なものはないが、例えば、JR 東日本の主要 5 駅（渋谷・新宿・池袋・東京・新橋）で駅貼り広告を実施した場合、正価で約 480 万円（1 週間）である。各駅の 1 日の乗降客数は約 235 万人[5]であり、そのうちの約 6 割[6]の人が広告を見たと仮定した場合は、単純計算で 1 日約 100 万人となる。ユニークユーザーは 100 万人程度としても、1 週間では延べ 700 万人の人が広告を見たことになる。また地下鉄である東京メトロの駅にも掲出を行っていたが、銀座や表参道、六本木などの東京メトロの主要 16 駅に駅貼り広告を実施した場合の正価は 230 万円（1 週間）であり、例えば東京メトロが公表している各駅の乗降人員ランキング 2013 によると、銀座駅であれば毎日平均 245,300 人が、六本木であれば毎日平均 130,190 人が乗降しており、都心で働く多くの人の目に触れていることになる。

また 2013 年 2 月 10 日には、首都圏に向けて同市のイメージ向上と認知度拡大を目的に 2 回目となる新たな駅貼り広告「図 11 流山市の実施していた駅貼り広告『学ぶ子にこたえる、流山市』」の掲出を開始している。ポスターにもあるように 2013 年のキャッチコピーは「学ぶ子にこたえる、流山市」で、テーマを「子育て」から「教育」に広げている。掲出されている駅数も 2012 年の 25 駅から 2013 年には 44 駅と出稿場所を大幅に増やし、新たな街のイメージを訴求している。あらたなポスターには、市内の小学校で外国語指導助手が行う授業風景を採用し、実際に首都圏や横浜市から転入した市民をモデルに採用した昨年に続き、"ドキュメント性"を重視した外部広報活動を実施している。流山市ではその他、他の自治体に先駆けて 3D 映像のプロジェクションマッピングを施したクリスマスのための映像ショー「ファモリエ」の実施や、流山市が映画「百瀬、こっちを向いて。」のロケ地として協力を行ったことを記念し、映画のテーマである「若者が恋をする気持ち」

---

[5] JR 東日本の公表している 2012 年度の各駅、742,833（新宿）、550,756（池袋）、412,009（渋谷）、402,277（東京）、250,682（新橋）の乗降客数の合計値（2,358,557）
[6] 交通広告調査レポート 2013（関東交通広告協議会調べ）の交通広告を普段から良く見ている人（31.5％）と、自然と目に入ってしまう人（28.3％）の合計値

図10　流山市の実施していた駅貼り広告「父になるなら流山市」「母になるなら流山市」

http://www.city.nagareyama.chiba.jp/appeal/11108/011114.html
出典：流山市ホームページ

図11　流山市の実施していた駅貼り広告
『学ぶ子にこたえる、流山市』

「http://www.city.nagareyama.chiba.jp/appeal/11108/011114.html」
出典：流山市ホームページ

に賛同し、「恋届」を受付する窓口を設置し、婚姻届に似せた"恋届"の受付などを行っている。自治体が映画やテレビドラマなどのロケーション撮影をフィルムコミッションとして誘致することで、自治体の知名度向上を図ることはあるものの、このように誘致した映画を活用し、別の外部広報活動の企画を立てることは珍しく、メディアの注目を集め、多くのパブリシティとしての成果も出している。また企画内容も、若いカップルに流山を知ってもらう、流山まで足を運んでもらうことを主としており、将来結婚し家庭を持つ際に、"記念の流山市"を想起してもらうという意味では若い夫婦層という流山市のターゲット像と合致しており、ターゲットを明確にした自治体初となる企画に積極的に取り組んでいる自治体のひとつであるといえる。

1-3　千葉県流山市のマーケティング効果

　流山市が5年間のマーケティング戦略に基づく対外広報活動を実施した結果、子育て世代を中心に11,343人の人口増加を達成した。人口増加率は7.4%で、「図12 流山市の年齢階層別人口構成比較」が示すように人口のボリュームゾーンが50代から30代に変化をし、年齢別でも30代のターゲット層が最大のボリュームゾーンとなった。また「図13 流山市の年齢階層別増減比較」からわかるように30〜49歳のターゲット層が7,000人以上も増加したとともに、0〜9歳の人口も1,500人以上増加しており、「DEWKS」世代をターゲットとし、少子高齢化を防ぐという目的を見事に達成しているといえる。2010年の国勢調査では1,728自治体のうち、1,321自治体と7割以上の自治体が人口減となる中、働き盛りの30、40代を中心に着実に人口を伸ばした自治体のひとつといえる。

　流山市の外部広報活動の効果については、流山市が当初から目標としていた定住人口がひとつの指標となるだろう。流山市においては、2010年の人口は2005年と比べて5年間で11,343人増加し、増加率は7.4%と同市が所在する千葉県の増加率（2.6%）を大きく上回る結果となった。ただしこの人口

図 12　流山市の年齢階層別人口構成比較

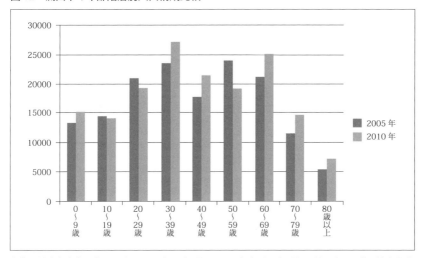

出典：総務省統計局『2005 年度（平成 17 年度）、2010 年度（22 年度）国勢調査』を基に筆者作成

図 13　流山市の年齢階層別増減比較（2005 年から 5 年間の人口増減）

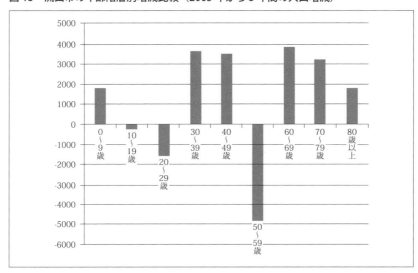

出典：総務省統計局『2005 年度（平成 17 年度）、2010 年度（22 年度）国勢調査』を基に筆者作成

増加は、2005 年に開業をしたつくばエクスプレスとその駅設置による影響も大きいと考えられることから、つくばエクスプレスの駅が開業をした人口10 万人以上の市で比較したのが「表 6 つくばエクスプレス沿線市町村人口比較（人口 10 万人以上）」である。つくばエクスプレスの開業により、駅の開業をした沿線のすべての自治体において人口が増加していることがみてとれる。つまり新鉄道の開業並びに駅の設置は人口増加に大きな影響があるといえる。ではつくばエクスプレスの駅が開業した自治体同士で、外部広報活動を積極的に実施した流山市とその他の自治体で比較した場合を検討したい。同じく表 6 で比較した場合、例えば同じ千葉県内の柏市よりも人口増加率が大きいことがみてとれる。またより東京により近いアドバンテージを持つ埼玉県の三郷市よりも高い増加率であることが分かる。また三郷市と流山市は人口の規模は同様であるが、流山市が三郷市の約 3 倍の人口純増となっている。比較した 3 市と比べ、規模や知名度で劣る流山市の人口増加率がもっとも高いのは、流山市が全国に先駆けて実施した共働き子育て世代をターゲットに絞ったマーケティング手法の導入など、今までの行政にはなかった新たな発想を活かした外部広報活動の成果といえるのではないだろうか。積極的な外部広報活動は、自治体にとって誘客として意味のあるひとつの大きな活動であることが分かった。次節では、外部広報活動を行っている自治体同士を比較し、その成否や成功に必要な要件などについて述べる。

表 6　つくばエクスプレス沿線市町村人口比較（人口 10 万人以上）

	2005 年	2010 年	増減数	増減率
流山市	152,641	163,984	11,343	7.4%
柏市	380,963	404,079	23,116	6.1%
三郷市	128,278	131,418	3,140	2.4%
つくば市	200,528	214,660	14,132	7.0%

出典：総務省統計局『2005 年度（平成 17 年度）、2010 年度（22 年度）国勢調査』を基に筆者作成

第2節　シティプロモーション実施自治体同士の比較
　　　　～静岡県浜松市と静岡市を例に～

2-1　自治体の外部広報（エクスターナルコミュニケーション）活動の比較

　前節において流山市の事例を中心に、自治体において自治体における外部広報活動には効果があることについて述べた。本節では、外部広報活動を積極的に行っている自治体同士で、その実施内容によって、差が出るのかを検証することとする。外部広報活動（シティプロモーションとシティセールス）を同時期にはじめ、同一県内と地理的にも近く、また政令指定都市とほぼ同じ規模の自治体である静岡県の浜松市と静岡市を事例として、考察することとする。

（静岡県浜松市の事例）
2-2　静岡県浜松市のシティプロモーションの実施概要と結果

　浜松市は静岡県西部地方にある政令指定都市で、愛知県の豊橋市に隣接する人口、面積ともに静岡県最大を誇る自治体である。浜松市は2005年7月に近隣の12市町村と合併し、政令指定都市へ移行した。この政令指定都市への移行という最大の変革期を機会と捉え、「浜松」の実力や魅力を国内外に知ってもらう絶好の機会として、「シティプロモーション」事業に取組み始めてい

7　マーケティングにおける消費者が商品やサービスを購入する時の心理的な過程を表わした法則のひとつで、「注意（attention）」「興味（Interest）」「欲求（Desire）」「確信（Conviction）」「行動（Action）」「満足（Satisfaction）」「再び（Repeat）」のプロセスの頭文字

る。浜松市のシティプロモーション戦略は AIDCAS － R[7] の法則に沿って組み立てられ、都市の認知度を高める段階から、定住を志向する段階に至るまでを、『知って・来てもらう』、『見て・感動してもらう』、『好きになって・住んでもらう』と３段階に分けたプロモーション戦略を実施している。そのシティプロモーション戦略を実施するため、浜松市は市庁内に浜松市シティプロモーション推進本部を設置し、浜松市シティプロモーション推進本部設置要綱ではその目的を「市は都市の知名度やイメージの向上及び国内外から認められる都市ブランドの確立を通じ、交流人口や定住人口を拡大するため、全庁を挙げて総合的かつ戦略的にシティプロモーションを推進すること」としている。戦略的な数値目標として、交流・定住ともに過去の実績値に 20% を上乗せさせた目標を設定し、2010 年度の交流人口目標として観光交流客数 1,800 万人、定住人口の目標として 12,000 人増（2005 年からの５年間）の２つを掲げてスタートしている。実際には、「浜松市シティプロモーション戦略の推進」、「首都圏・関西圏に対する市長トップセールス」、「浜松市やらまいか大使の活用」、「浜松サポーターズクラブ」、「浜松市マスコットキャラクター」、「キャッチコピーを用いた都市イメージの発信」、「各種イベントを活用したシティプロモーション」、「官民協働推進組織の設置 (浜松・浜名湖プロモーション協議会)、運営支援」、「シティプロモーション認定事業制度」など、10 の事業を実施した。

５年間のシティプロモーション事業を実施した結果、定住人口は 2005 年の国勢調査と 2010 年の国勢調査によると、2005 年の 804,032 人から 2010 年には 800,866 人へと約 4,000 人減、「2010 年度（平成 22 年度）静岡県観光交流の動向」によると観光交流客数は 2005 年の 16,034,970 人から 2010 年は 14,975,974 人に約１００万人の減少となり、目標は未達成となった。戦略を立案し、数値目標を定め、その目標達成を目指して実施した事自体は評価できるものの、交流人口、定住人口ともに減ってしまったことを考えれば、この時に実施された浜松市のシティプロモーション事業は失敗だったといえる。

2-3　静岡県浜松市のシティプロモーション活動の検証

　ではなぜ浜松市のシティプロモーションは失敗してしまったのであろうか。要因はいくつか考えられるが、まず戦略や計画が先立ってしまい、実行が伴らなかったのではないのだろうか。またひとつひとつの施策も他自治体の施策を付焼刃的に実施しているように見える。例えば、首長のトップセールスは宮崎県の東国原知事が先鞭をつけているものであるし、自治体のマスコットキャラクターについても彦根市のひこにゃんが自治体キャラクターとしては初期として存在し、熊本県のくまモンなど、すでに大ヒットしている自治体キャラクターがいる状態である。また著名人による地域大使の任命についても、全国の多くの自治体が実施している施策であり、目新しさは感じない。つまり目新しい施策が見当たらないためパブリシティなどによる効果は期待できず、また予算などの観点からマスメディアなどを用いた大規模な広告などを実施してこなかったため、結果として大きな認知をつくることができなかったのではないだろうか。組織に関しても、他市町村がシティプロモーションの専任組織を立ち上げる中、浜松市はシティプロモーション推進本部を立ち上げ、その傘下に各部局を入れることで、全市・全職員を挙げてシティプロモーションに取り組むとしたものの、専任で取り組む部局がなかったため、実行力が伴わなかったのではないだろうか。

　また2005年から2010年に設定されたシティプロモーション事業の終了に伴い、浜松市は2011年度から単年度の新たなシティプロモーション事業をスタートさせている。その事業概要としては、4つの重点分野（『ものづくり〜企業誘致・産業集積の促進〜』、『食と観光〜交流人口の拡大及び浜松ブランドの販路拡大〜』、『音楽〜音楽の都・浜松の確立〜』、『浜松の暮らし〜定住人口の拡大〜』）を定め、各種事業の推進を行っている。交流人口と定住人口の増加を図ることに加え、企業誘致を実施するとともに、音楽都市浜松というブランドを立ち上げ、イメージの向上を図る戦略に見える。だが2011年度の浜松市の目標

については、首都圏における認知度33%（前年度29.2%）、魅力度61%（前年度57.3%）、中京圏における認知度42%（前年度38.1%）、魅力度67%（前年度63.2%）が設定されている。2011年度に定められたこれらの目標は認知度や魅力度など定性的な調査指標が目標となっており、定住人口や観光交流客数など具体的な数値指標を目標に定めた2005年〜2010年度の事業と比較すると目標についてはトーンダウンしているといわざるをえない。またその2011年度の結果についても、首都圏における認知度27%、魅力度55%、中京圏における認知度39.2%、魅力度65.8%となり、首都圏においては認知度、魅力度共に下がってしまった結果である。中京圏については前年度より若干は改善したものの、目標には届かない状況となっている。

　2012年度のシティプロモーション事業にいたっては、『ものづくり〜企業誘致・産業集積の促進〜』、『食〜浜松ブランドの販路拡大〜』、『観光〜交流人口の拡大〜』、『音楽〜音楽の都・浜松の確立〜』となっており、前年度まであった『浜松の暮らし〜定住人口の拡大〜』がなくなり、食が入ったことから、定住人口の増加はあきらめ、交流（観光）人口の増加に舵をきったことが伺える。また数値目標は首都圏における認知度31%、魅力度59%、中京圏における認知度43%、魅力度69%と、首都圏については前年度より目標自体が下がってしまっている状況である。ただコンセプト重視で実施施策があいまいだった2011年度の計画と比較して、2012年度は「市長トップセールス」「戦略的メディアリレーション業務」「首都圏を中心としたプロモーション」「都市間連携プロモーション」「ITを活用したプロモーション」「市民・職員啓発」など、かなり具体的な施策が並んでいることは評価できる点であるといえる。結果としては、首都圏の認知度が28.5%、魅力度が53.3%であり、中京圏の認知度44.2%、魅力度67.8%となっており、かろうじて中京圏の認知度は目標を達成したものの、それ以外の3項目は未達成という状況である。ただ前年度の実績と比較した場合は、首都圏の認知度、中京圏の魅力度も向上していることから、具体的な施策を定めた2012年度は2011年度よりも成功したとはいえる。「表7　浜松市のシティプロモーションの目標とその結果」は

表7 浜松市のシティプロモーションの目標とその結果

		2010年度 実績	2011年度 目標	2011年度 実績	2012年度 目標	2012年度 実績	2013年度 目標
首都圏	認知度	29.2	33	**27**	31	28.5	32
	魅力度	57.3	61	**55**	59	53.3	57
中京圏	認知度	38.1	42	**39.2**	43	**44.2**	48
	魅力度	63.2	67	**65.8**	69	**67.8**	71

出典:「浜松市の認知度及び魅力度」の実績は、「浜松市都市イメージ調査(毎年3月調査)」より、目標は「浜松市の各年度の「推進方針」を基に筆者作成

2011年度以降の浜松市の目標とその結果を時系列でまとめたものである。

また2012年度の結果を受けた、2013年度浜松市シティプロモーション推進方針は「浜松ブランドとしての『出世の街 浜松』の確立」と「「ゆるキャラグランプリ2013」、出世大名家康くん『日本一』」というふたつであり、具体性がみえる施策は出世大名家康くんの「ゆるキャラグランプリ2013」日本一のみの状況である。重点テーマについても、『ものづくり～企業誘致・産業集積の促進～』『食～浜松ブランドの販路拡大～』『観光～交流人口の拡大～』『音楽～音楽の都・浜松の確立～』の4つは変更なく、新たに、『スポーツ～スポーツ文化都市の確立～』が加えられ、数値目標として首都圏及び中京圏での本市の認知度や魅力度の前年度比4ポイントアップを目指すとしており、目標は首都圏における認知度32%、魅力度57%、中京圏における認知度48%、魅力度71%としている。具体性に欠けた戦略は内容だけを見ると、2011年度の方針に近いようにも感じられる。

2-4 シティプロモーションにおけるゆるキャラの役割

2013年度の推進方針にも掲げられているが、浜松市は全市を挙げて浜松市のマスコットキャラクターである「出世大名 家康くん」をゆるキャラグランプリ2013において1位にしようと積極的なプロモーション活動を実施しているが、「図14 浜松市の実施していた電車(東海道本線)のステッカー広告」のようにそのための広告出稿を行うなど、目的を見失ってしまってい

るようにもみられる。本来的には浜松市の観光人口を増やすことが目的であり、そのためのゆるキャラであるはずが、ゆるキャラを1位にすることが目的に置き換わってしまっているのである。確かにゆるキャラグランプリなどのイベントで優勝し、全国な認知を得た結果、成功した事例としては熊本県の「くまモン」がいるが、くまモンについてもゆるキャラグランプリで優勝をしたからあのような成功となったわけではなく、さまざまな要因や施策が関係しているのである。実際に第3回のゆるキャラグランプリで優勝をした今治市の「バリィさん」は全国的な知名度を得ているとは言い難い状況にある。ゆるキャラグランプリで優勝させるために予算を掛け、またAIDMA[8]からAISAS[9]へ消費者の行動が変化したといわれる時代にネット上での評判を極端に落としてしまうのは戦略として正しいとはいえないのではないだろうか。

例えば「図15 ゆるキャラグランプリに出場した「出世大名 家康くん」へのtwitterのコメント」はゆるキャラグランプリに出場した「出世大名 家康くん」に対するtwitterのコメントの一部ではあるが、投票数が公表されてい

図14　浜松市の実施していた電車（東海道本線）のステッカー広告

出典：筆者友人撮影

8　消費者の購買心理過程を表したもので「注意（Attention）」、「関心（Interest）」、「欲求（Desire）」、「記憶（Memory）」、「購買（Action）」というプロセスの頭文字
9　電通が開発したインターネット時代の消費者の購買行動プロセスを表したもので、「注意（Attention）」、「関心（Interest）」、「検索（Search）」、「購買（Action）」、「共有（Share）」のプロセスの頭文字

図15　ゆるキャラグランプリに出場した「出世大名 家康くん」へのtwitterのコメント

ゆるキャラグランプリ、家康くんの組織票すごい。市役所の職員は毎日 投票して、課毎に今日は何票 投票できたか報告するんだってさ。仕事しろよ笑

こんなにかわいいゆるキャラばっかりなのに家康くんが組織票によって一位という事実が恥ずかしいです…だってSUZUKIの周りの家康くんに投票してねの旗すごいんだよ…

浜松のゆるキャラ「家康くん」を市あげて金使ってCM出したり、組織票で大会優勝させようとあの手この手を使ってるみたいやけど、だったらなんでもっと可愛いとかインパクト強いとかそういう見た目にせーへんかったんやろ・・・根本間違ってる。

出典：「https://twitter.com/」のコメントより抜粋

図16　社会福祉法人 聖隷福祉事業団のホームページ上のお知らせ

出典：社会福祉法人 聖隷福祉事業団のホームページ
「http://www.seirei.or.jp/hq/info/ieyasukun/index.html」

た時期において、2位に10万票以上の差をつけて1位になっていたことに対する組織票に対するコメントが散見され、かなり評判としては良くない状況である。ゆるキャラが市の広報役になって良い認知を向上さてくれることを意図していたはずではあるが、悪い認知を広報してしまっている状況である。また浜松に本拠を構え、職員数12,000人を誇る聖隷福祉事業団はホームページ上で、「図16 社会福祉法人 聖隷福祉事業団のホームページ上のお知らせ」のように組織的に応援していることを公言していることもあり、市が市内の各団体や企業と組んで組織的な活動に取り組んでいることは否定できない状態であるといえる。

　結果として、第4回のゆるキャラグランプリは栃木県佐野市の「さのまる」が優勝し、浜松市の「家康くん」は優勝を逃したかたちとなった。良くも悪くも一定の話題性をつくることができたものの、浜松市の観光人口を増やすという目的から少し目的がずれてしまっているように感じる。「家康くん」を優勝させることで話題をつくり、浜松市の認知度を上げることに一役買うことは確かであろうが、良いイメージ（認知）をつくることが大切であり、悪い認知は害にしかならないはずである。それは企業が不祥事を起こせば一時的に認知度は高まるが、それが商品の売り上げにつながらないのと同じ現象である。浜松市においては認知度を上げるという目標に向かいすぎた結果、話題性が取れそうな（過去にくまモンで話題性が取れている実績がある）キャラクターに前のめりになってしまったといえる。つまり目標の立て方も、そしてその目標に向かう過程もともに消極的であるといえる。また実施施策も他の自治体の焼き直しが多く、目新しさに欠けるといわざるを得ない。何よりも、浜松市として将来どのような街にしたいのか、その為にはどのような人にアピールする必要があり、どのような結果を望むかが見えないのがとても残念である。

（静岡県静岡市の事例）
2-5　静岡県静岡市のシティセールスの実施概要と結果

　静岡市は静岡県中部に位置する政令指定都市であり、同県の県庁所在地でもある。2003年4月の旧静岡市と旧清水市の合併を経て、2005年4月には全国14番目の政令指定都市に移行した。静岡県内では浜松市に次いで人口・面積共に2位である。

　静岡県静岡市は、2005年4月の政令指定都市への移行後、2006年にシティセールス基本方針を定め、2007年には「お茶」「ホビー」「まぐろ」を戦略資源と位置づけたアクションプランを策定しシティセールス事業をスタートしている（新たな戦略資源として「桜えび」を追加）。静岡市のシティセールス事業の目標は、「集客交流都市の実現～気になる静岡市、行きたい静岡市～」で、キーワードは「出会い」、「交流」、「融合」とされている。つまり静岡市のシティセールスの目的は、定住人口（住民）を増やすことではなく、交流人口（観光客）の増加を図ることを最大の目的としているのである。その目的を達成するため、「静岡市」全体をPRする実行組織として、市役所内に観光・シティプロモーション課を配置し、国内では首都圏や甲信越地域や、静岡空港就航先である東アジア地域の女性、家族、こども、趣味等関心層、シルバー層をターゲットと設定している。

　静岡市はシティセールスを、「まちづくりの戦略（情報発信をくりかえし、世界に誇れるまちをつくる）」を具現化する取り組みであり、単に都市を売り込む宣伝活動ではなく、まちづくりの観点から、ヒト・モノ・カネ・情報等を呼び込み、経済活動を活発にし、価値や文化を育み出すため、市の内外に働きかけ、外からの活力を取り込み、まちの魅力を向上させる一連の戦略的活動を推進することにより、目標である「集客交流都市の実現」を目指すものとしている。シティセールスを通じて、「まちの魅力の向上」、「認知度、イメージの向上」をさせることで観光客を増やすとともに、そのことが同時に「市

民の誇りや愛着心の向上」を進めることになり、結果として現在の市民の定着に結びつくと考えてシティセールスを実施しているといえる。

また静岡市の場合は、人口の減少と都市間競争の激化による危機意識からシティセールス事業を行っており、静岡市の試算によると全国的には公共事業を実施することがもっとも経済波及効果が大きいが、2003年発行の静岡市産業構造調査報告書内で「表8 誘発効果の比較」として静岡市の場合は、「公共事業の推進」や「産業振興型イベント」よりも、「消費振興型イベント」を推進する方が、静岡市としての資源を有効に使え、かつ経済的な波及効果が大きいという試算を行い、その試算結果に基づき、交流人口の増加を目的としたシティセールス事業をスタートさせている。

表8　誘発効果の比較

	公共工事 誘発効果（倍）			消費振興型イベント 誘発効果（倍）			産業振興型イベント 誘発効果（倍）		
		1次	2次		1次	2次		1次	2次
静岡市表による試算	1.29	1.14	0.15	1.31	1.18	0.14	1.27	1.17	0.1
静岡県表による試算	1.53	1.29	0.24	1.53	1.3	0.22	1.5	1.33	0.16
全国表による試算	2.61	1.95	0.66	2.36	1.78	0.58	2.55	2.02	0.53

出典：静岡市総務部政策企画課『静岡市産業構造調査報告書（2003年）』

具体的な施策としては、たとえば「まちの魅力の向上」は「静岡市に行けば、何か面白いことがありそう！」と思われる人が集まりたくなる魅力づくりを進めており、「大道芸ワールドカップin静岡市」などの大規模なイベントの開催や、静岡市清水区出身の「さくらももこ」の人気漫画「ちびまる子ちゃん」に登場するキャラクター（カットアウトやバナー等）で道を彩っているほか、ホビーのまち静岡として「ホビーウィーク」や「クリスマスフェスタ」を、また漁港の街として「清水港マグロまつり」や「由比桜えびまつり」などのイベントを開催している。またイベントなどの開催に合わせて、JR東海道本線の「三島駅」～「袋井駅」間のJRの各駅にポスター貼付やチラシを設置するなど、イベント開催を核とした集客プロモーションなどを実施している。

「認知度、イメージの向上」では首都圏や海外へのプロモーションを積極的

に行っており、素材の内容、規模、ストーリーなどで差別化を図り、「豊かな時間が約束される都市・静岡」をアピールし、静岡市ならではの取り組みで認知度やイメージの向上を図っている。具体的には2009年には、「静岡市はいいねぇ。」キャンペーンを首都圏中心に展開し、「さくらももこ」の協力のもと、「さくらももこ」の自画像をイメージキャラクターとし、「図17「静岡市はいいねぇ。」キャンペーン ラッピングバス」のようなラッピングバス広告の他、首都圏での大規模イベント(フジテレビのお台場冒険王)へのブース出展、鉄道車内広告(ゆりかもめ)、フリーペーパー「Ｓｉ：ｚｕｎ」の発行やノベルティの配布など、大々的なキャンペーンを展開し、首都圏における静岡市の認知度及びイメージの向上を図っている。2010年には、富士山静岡空港から直行便の出ている韓国仁川でもプロモーションキャンペーンを展開している。

図17 「静岡市はいいねぇ。」キャンペーン ラッピングバス

出典：静岡鉄道ホームページ
「http://www.shizutetsu.co.jp/ad/ad_wrapping.html」

また「市民の誇りや愛着心の向上」では、市民が自分のまちを愛し、誇りに思うことが静岡市からの人口の流出を防ぐとともに、街づくりの原動力になると考えている。とくにシティセールスにおいてはこのような人々の熱い思いが、大きな口コミ効果を発揮し、ホスピタリティの心を醸成していくという考えの下、静岡市は2013年3月末に、静岡市のPRソングである「まるちゃんの静岡音頭」の楽曲とプロモーション映像を制作した。今後はこの楽曲を市内外に向けPRすることにより、市民には楽曲を通じて静岡市への親しみを持ってもらうと同時に、全国に向けて静岡市の知名度向上を図っていく計画である。

　では実際に静岡市が2006年から実施したシティセールスの結果はどうだったかということについての考察を行っていく。静岡市が2006年に制定した「シティセールス基本方針」では具体的な数値目標が定められていない為、数値目標に対する達成度では結果を考察できないものの、目標としては交流人口の増加としていたことから、観光客の流入数を確認した。2010年に新たな戦略を立案していることから、2005年から2010年までの観光客数を静岡県の統計データから抜粋したのが、「表9　静岡市の観光客数の推移」である。2005年から2010年にかけて、約350万人の観光客数の増加がみてとれる。とくに2005年から2009年にかけて、約150万人、2009年から2010年に約200万人が一気に伸びていることになる。つまり静岡市の観光を起点としたシティセールスは観光客数の伸びを見る限りは成功だったといえる。これは観光に目標を絞り、その観光客の増加の為に、様々なイベントの開催や、そのイベントの告知を実施した成果であるといえる。

表9　静岡市の観光客数の推移

市町名	2005年	2006年	2007年	2008年	2009年	2010年
静岡市	23,960,179	23,835,508	24,511,470	25,168,826	25,391,984	27,463,398

出典：静岡県文化観光部観光政策課『静岡県観光交流の動向（2013年）』を基に筆者作成

2-6　静岡県静岡市のシティセールス活動の検証

　前項で述べたとおり、一定の成果をみせた静岡市の「シティセールス基本方針」とその方針に伴うシティセールスの実施だが、あくまで方針を定めたものであり、具体的な数値目標などは定められていない状況である。そこで2010年3月に静岡市は、「シティセールス基本方針」に基づく戦略プランとして2010年を初年度とし2019年を目標年次とする中長期の「静岡市観光戦略」を制定している。

　静岡市観光戦略はその目的を、「静岡市の持つ多くの素晴らしい地域資源をクローズアップし、街のイメージ向上と他地域への認知度向上のストーリーを、市が市民との意識の共有化を図りながら構築し、静岡市の国際・国内観光の振興を推進することで、「観光立市静岡市」を目指していくこととしており、静岡市の観光に係わる課題を浮き彫りにするとともに、交流人口を増加させるための重点戦略を導き出したもの」としている。この戦略プランでは目指すべき静岡市の観光イメージを、「「旅ゆけば　しずおか」〜富士を眺め、お茶と食を楽しみ、家康公に学ぶ〜」とし、3つの基本方針として「静岡市の魅力ある資源を活かした観光開発の推進」、「多様な人々を受け入れるための観光基盤整備」、「広域観光の拠点としての機能強化」とした上で、具体的な重点戦略として、「富士山を核とした景観観光の推進」、「歴史・文化観光の推進」、「都市型観光の推進」、「港観光の推進」、「食文化観光の推進」、「産業・体験観光の推進」の8つを掲げ、その観光対象地区を「日本平周辺」、「三保」、「清

表10　静岡市観光戦略の目標　　　　　　　　　　　　　　　　　（単位：千人）

年度	観光入込客数	日帰り客数	宿泊客数	宿泊率
2008年度	25,095	23,610	1,485	5.9%
2014年度	26,500	24,782	1,718	6.5%
2019年度	28,000	26,037	1,963	7.0%

出典：静岡市『静岡市観光戦略(2010年)』

水港周辺」、「旧東海道」、「中心市街地」「中山間地域」、「南アルプス」と定めている。

　また今回の戦略では具体的な数値目標やターゲットも定めており、「表10　静岡市観光戦略の目標」のように2014年度までの中期目標として、2008年度の観光入込客数2,500万人を2014年度までに約150万人増やすとし、日帰り観光が多い静岡市での宿泊率を2008年度の5.9%から6.5%に引き上げ、2019年度までの長期目標として、観光客数約300万人の増加と宿泊率7%を目標としている。またそれに伴い2008年度の観光消費額950億円を、2014年度までに1,026億円に、2019年度までに1,100億円とする目標を打ち立てている。戦略を立て、戦略を実行していくにあたり具体的な数値目標を立てることには大きな意義があり、またその目標に向かっていく過程が大切であると考えられる。

　また静岡市は数値目標を達成するために観光分野に重点を置いたシティセールスを実施する計画で、「表11　静岡市観光戦略のターゲットとターゲットエリア」のように国内においては、人口の多い首都圏、近隣の甲信越地方、そして富士山静岡空港の就航都市に住む「プラモデルやクラフト等のホビー（静岡市の主要産業のひとつ）などの関心やニーズの高い層」や、口コミなどの情報発信による多くの情報流通を促している「女性」、特に次世代（子ども）への波及を狙うため、「家庭を持つ40歳代を中心とした年齢層」に向け、訴求力のある資源を活用するとともに、メディアや展示会、インターネット、旅行情報誌等を最大限に活用することによるシティセールスを推進し、来静誘引の促進を図るとしている。海外に向けては、韓国や中国沿岸地域を対象に、韓国では、訪日旅行経験者が多く、海外旅行意欲が旺盛である「若年層（主に20歳代の男女）」をターゲットとし、旅行における情報収集で重視されている「インターネットを活用した情報発信」を行うとともに、認知度を高めることで、来静者やリピーターの獲得を図るとしている。中国（沿岸部）では、主として「訪日意欲の高い個人旅行者」をターゲットとし、インターネットや旅行情報誌等を活用することにより、「訪日旅行が身近でかつ容易になったことを強調」

表 11　静岡市観光戦略のターゲットとターゲットエリア

国内	エリア	首都圏	県内総生産（資料：内閣府「2007年県民経済計算」）が1位である東京都をはじめ、4位の神奈川県など地域全体の経済力が高く、鉄道や高速道路などの大規模社会資本の着実な整備により、本市までのアクセスが、約1～2時間圏内であること。
		空港就航都市	富士山静岡空港からの運航による時間距離が、本市とより身近であること。
		甲信越地方	将来的に中部横断自動車道等の開通により、時間距離の短縮化が図られること。
	ターゲット		本市の主要産業の1つである「ホビー（プラモデルやクラフト等のものづくり）産業層など関心やニーズの高い層」。また、口コミなどの情報発信による、多くの情報流通を促している「女性」、特に次世代（子ども）への波及を狙うため、「家庭を持つ40歳代を中心とした年齢層」に向け、訴求力のある資源を活用するとともに、メディアや展示会、インターネット、旅行情報誌等を最大限に活用することによるシティプロモーションを推進し、来静誘引の促進を図ります。
海外	エリア	東アジア（韓国）	富士山静岡空港の就航地であり、近年の訪日外国人旅行者数が第1位であること。
		東アジア（中国沿岸）	近年めざましい経済発展を遂げており、2010年7月に個人観光査証が基準緩和され、発給対象が富裕層から中間層にまで拡大されたこと。
	ターゲット		韓国では、訪日旅行経験者が多く、海外旅行意欲が旺盛である「若年層（主に20歳代の男女）」をターゲットとし、旅行における情報収集で重視されている「インターネットを活用した情報発信」を行うとともに、認知度を高めることで、来静者やリピーターの獲得を図ります。 中国（沿岸部）は、主として「訪日意欲の高い個人旅行者」をターゲットとし、インターネットや旅行情報誌等を活用することにより、「訪日旅行が身近でかつ容易になったことを強調」し、主に個人旅行の需要喚起を図ります。

出典：静岡市『第1期静岡市観光戦略アクションプログラム（2011）』

し、主に個人旅行の需要喚起を図る戦略である。

　静岡市では主な訴求点を明確化するために、静岡市の観光に関わるSWOT分析「表12　静岡市観光戦略『静岡市の観光に関わるSWOT分析結果』」を実施しており、分析結果より静岡市の「強み」として、「多様な地域資源を有し、観光への活用が期待される」、「ホビーや水産基地などの特色ある産業資源を有している」、「清水港、三保、日本平など、認知度が高い地域が存在」、「桜えびや静岡おでん等、特色ある食への関心」とし、静岡市の魅力を最大限に発揮できる「機会」として「大市場である東京まで1時間圏である」、「体験やサブカルチャー、歴史探訪など、新しい観光に対する志向が高まっている」をあげている。逆にネガティブ要素の弱みとして「多様な資源があるため、極端に特化することが困難」、「宿泊者の割合が少なく、通過型・日帰型傾向である」とし、外部環境的な脅威として、「ひかり号の停車本数少、広域移動の利便性低」、「長距離化に伴う静岡市を通過の危険性」、「他都市でもシティセールスや観光が重要な施策として位置づけられている」などをあげている。

　静岡市ではシティセールス基本方針を大方針とし、それにも紐づく観光を

中核とした「静岡市観光戦略」を打ち立てることで、交流人口の増加を狙ったシティセールス戦略を行っているといえる。つまり静岡市は「観光」を軸としたシティプロモーション戦略を行っており、組織の名称も「観光・シティプロモーション課」としている。実際に筆者が静岡市市庁舎の観光・シティプロモーション課に伺った際も、ほとんどが市内の観光に関する情報提供の場となっていた。担当の方にお話を伺った際も、「あまり観光ガイドなどには載らない静岡市の観光情報を中心に観光客に情報提供している」ということであった。最近のゆるキャラブームについても、「静岡市にゆるキャラはいないのですよ。一応竹千代くんというキャラクターもいるのですが、シティプロモーションのためにつくったわけではなく、ほとんどＰＲしていませんね」

表12　静岡市観光戦略『静岡市の観光に関わる SWOT 分析結果』

		コントロールの可能性	
		高い（主に内部環境）	低い（主に外部環境）
施策展開への影響	ポジティブ	・多様な地域資源を有し、観光への活用が期待される。 ・中心市街地における都市機能の集積が高く商業空間も賑わっている。 ・ホビーや水産基地などの特色ある産業資源を有している。 ・徳川氏・今川氏、旧東海道などの歴史的な資源の集積が高い。 ・富士山の視点場として距離がちょうど良く、市内から優れた眺望を得ることができる。 ・清水港、三保、日本平等、それ自体でも知名度の高い地域が市内に存在している。 ・マグロや桜エビ、静岡おでん等、特色ある食に対する関心が高まっている。	・富士山静岡空港の開港により国内外の都市と直結された。 ・新東名高速道路、中部横断自動車道などの高速道路整備が進展している。 ・県事業として清水港の機能移転・拡充整備が進展している。 ・静岡市としてお茶、富士山のイメージが確立されている。 ・大市場である東京まで1時間圏である。また、中京、関西方面とも時間距離は短い。 ・体験やサブカルチャー、歴史探訪など、新しい観光（ニューツーリズム）に対する志向が高まっている。 ・国の施策として国内観光や、海外からのインバウンドに対する対応が強化されている。
		Strength（強み）	Opportunities（機会）
		Weakness（弱み）	Threats（脅威）
	ネガティブ	・資源の多様性のため、特定の地域や分野へ極端に特化することが難しい。 ・宿泊者の割合が少なく、通過型・日帰型の観光になっている。 ・観光行動の傾向が買い物やグルメ中心となっており、静岡市を楽しむ時間消費型の観光となっていない ・地域資源が観光資源として積極的には活用されていない。 ・観光における地域政策上の取組が弱い。 ・行政と、観光関連事業者、NPOや市民などにおける連携体制が築かれていない。 ・観光に対する市民意識が欠如している。	・ひかり号の停車本数が少なく、広域移動にあたり利便性が低い。 ・高速道路の割引、無料化による旅行の長距離化に伴い静岡市を通過されてしまう危険性がある。 ・他の地域でも、観光が重要な施策として位置づけられるようになっている。 ・富士山における山梨、お茶における京都、鹿児島等、競合する地域が見られる。 ・東京―関西間のゴールデンルートが、外国人客誘致に熱心な山梨経由となっている。 ・海外の旅行ガイドでは、静岡市はまったく触れられていない。

出典：静岡市『静岡市観光戦略(2010年)』

と、他の自治体がオリジナルのゆるキャラの認知を高めることで、自治体自体の知名度向上を図る戦略を取っている自治体が多い中で、ゆるキャラを前面に使用していない数少ない自治体のひとつといえる。その理由としては先述したとおり、すでに全国的な認知を誇っている「ちびまる子ちゃん」をキャンペーンキャラクターに用いていることも影響しているといえる。

2-7 静岡県浜松市と静岡市の結果比較

本節では、同じ静岡県内にある政令指定都市である静岡市と浜松市のシティプロモーション（シティセールス）施策（以下、本節内はシティプロモーションに統一）について述べた。ほぼ同時期からシティプロモーションに取り組んだ両市の実施内容とその結果について、両市が同時期に戦略（方針）を修正していることから、前期（2005年～2010年）、後期（2010年以降）に分けた上で内容を比較し、考察を行うものとする。

まず両市のシティプロモーションの概略をまとめたのが「表13 静岡市と浜松市のシティプロモーションの比較」である。前期については両市ともに2005年から2006年にかけて、シティプロモーションの戦略や基本方針を策定しており、その実施組織を立ち上げているのは共通である。目標としては静岡市が交流人口の増加を目指すのに対して、浜松市は交流人口、定住人口を共に増加させることを目指していた。またそれぞれの目標に対して、浜松市が具体的な数値目標を定めていたのに対して、静岡市は定めておらず、具体的な施策についても、浜松市の方がかなり具体的な実施施策を複数打ち出していた点である。ただしターゲットやそのエリアについては、静岡市の方が詳細に定めていたといえる。

前期のそれぞれの市が行ったシティプロモーションによる結果は、各市が目標としていた人口推移を基準とした場合、前述の通り静岡市は成功し、浜松市は失敗だったといえる。両市の5年間の指標を比較した場合は、「表14 静岡市と浜松市の年度別人口の推移」が2000年からの両市の国勢調査の人

第 4 章　自治体における広報・広告活動の事例とその比較について

表 13　静岡市と浜松市のシティプロモーションの比較

	静岡市			浜松市	
戦略立案	シティセールス基本方針	静岡市観光戦略	浜松市シティプロモーション戦略	シティプロモーション推進方針	
実施期間	2006 年度～	2008 年度～2019 年度	2005 年度～2010 年度	2011 年度、2012 年度、2013 年度の単年度	
担当	観光・シティプロモーション課	観光・シティプロモーション課	企画シティプロモーショングループ	広聴広報課シティプロモーショングループ	
目標	交流人口の増加	交流人口の増加	交流人口の増加　定住人口の増加	首都圏・中京圏における魅力度、認知度	
数値指標	設定なし	交流人口、観光消費額	交流人口、定住人口の増加	＜2011 年度まで＞　交流人口、定住人口の増加　＜2012 年度以降＞　交流人口増加	
ターゲット	首都圏、甲信越、東アジアなど	首都圏、甲信越、東アジアなど	設定なし	＜2011 年度＞　首都圏、中京圏　＜2012 年度＞　首都圏、中京圏、関西圏、中国、台湾、韓国やタイなど	
実施施策	ブランドとしての売り込み　シティセールスとまちづくりの連携　戦略的なＰＲ　戦略的な連携とオール静岡での取り組み　静岡ファンの育成	富士山を核とした景観観光の推進　歴史・文化観光の推進　都市型観光の推進　港観光の推進　食文化観光の推進　産業・体験観光の推進	首都圏・関西圏に対する市長トップセールス　「浜松市やらまいか大使」の活用　浜松サポーターズクラブ　浜松市マスコットキャラクター　キャッチコピーを用いた都市イメージの発信　各種イベントを活用したシティプロモーション　官民協働推進組織の設置　We Love 浜松会議（正式名：浜松・浜名湖プロモーション協議会）の運営支援　シティプロモーション認定事業制度	＜2011 年度＞　『ものづくり～企業誘致・産業集積の促進～』　『食と観光～交流人口の拡大及び浜松ブランドの販路拡大～』　『音楽～音楽の都・浜松の確立～』　『浜松の暮らし～定住人口の拡大～』）　＜2012 年度＞　市長トップセールス　戦略的メディアレーション業務　首都圏を中心としたプロモーション　都市間連携プロモーション　ITを活用したプロモーション　民間企業等協働プロモーション（民間団体との連携）　市民等連携プロモーション　その他のプロモーション事業　市民・職員啓発　＜2013 年度＞　「浜松ブランドとしての『出世の街 浜松』の確立」　「「ゆるキャラグランプリ 2013」、出世大名家康くん『日本一』」	

出典：静岡市、浜松市両市のシティプロモーション（セールス）戦略を基に筆者作成

口推移ではあるが、両市ともに、2005 年から 2010 年にかけて減少していることがみてとれる。静岡市は人口の増加を狙っていなかったが、浜松市は人口増加を狙って外部広報を実施した結果としては、上手くいかなかったとい

表14　静岡市と浜松市の年度別人口の推移

	2000	2005	2010
静岡市	729,980	723,323	716,328
浜松市	786,306	804,032	800,912

出典：総務省統計局『2000年度（平成12年度）、2005年度（平成17年度）、2010年度（22年度）国勢調査』を基に筆者作成

えるのではないだろうか。

また「表15 静岡市と浜松市の年度別人口の推移」は両市が目標としていた交流（観光）人口の推移をまとめたものであるが、2005年から2010年にかけて静岡市が一貫して増え続けているのに対して、浜松市は2005年から2009年までほぼ横ばいを維持しているものの、2010年はとくに大幅な減少となってしまっている。起点となる2005年対比では、静岡市が15%の増加に対して、浜松市は7%の減少となってしまっている。これらの結果をみれば静岡市の外部広報活動は成功し、浜松市の外部広報活動は失敗だったといえる。ではなぜ、このような結果になってしまったのかを考察していきたい。

表15　静岡市と浜松市の年度別観光交流客数の推移

市町名	2005年	2006年	2007年	2008年	2009年	2010年	増減率
静岡市	23,960,179	23,835,508	24,511,470	25,168,826	25,391,984	27,463,398	115%
浜松市	16,034,970	16,487,725	16,205,953	16,019,050	16,788,449	14,975,974	93%

出典：静岡県文化観光部観光政策課「年度別市町村別観光交流客数の推移（2012年）」を基に筆者作成

2-8　静岡県浜松市と静岡市の実施活動の比較

まず一番に考えられるのは、目的の明確さの差があげられる。静岡市は一貫して、交流（観光）人口の増加をうたっており、その目的を達成するために、どのようなエリアのどのような層の人々に対して外部広報活動を行うのかを明確にしていた。組織に関しても、静岡市は「観光・シティプロモーション課」とするなど、観光を明確に打ち出している。それに対して浜松市は、交流人口・定住人口の両方を増やすとした上で、対象やターゲットも絞っていなかった

ため、かなり広くあいまいな施策の実施になってしまったことが推し量れる。また浜松市は組織についても、全職員・部局が一体となって推進していくと謳っている。どちらにも長所・短所はあると考えられるものの、全職員・部局が一体となって推進していくとした浜松市は通常の職務の中でシティプロモーションの事を意識して行うレベルに留まってしまったのではないのだろうか。その事は実際にシティプロモーションの目標が交流人口・定住人口の増加として具体的な施策にも取り組んでいるものの、内容的にはかなり観光客誘致に傾いていたことなどにも表れてしまっている。浜松市としては認知度さえ上げれば、観光客は増え、一度観光に訪れてもらえれば浜松を気に入り、その後住民になってもらえると考えた戦略ではあったが、観光から移住に変わる顧客の心理的、経済的なコストは高く、また移住はすぐには実現不可能なことでもあるので、同時期に行うのではなく、時期を分けるべきだったのではないかと筆者は考えている。外部広報活動においては、目標を明確にし、その目標に向かって進むための戦略を立て、その戦略を着実に実行していくことが求められるのであるが、浜松市においてはその目標設定が曖昧になってしまい、またターゲットを絞り切れなかったことが失敗のひとつの大きな原因ではないかと考えられる。

　また両市は 2010 年までの状況を踏まえ、新たな戦略（方針）の策定を行っている。「表 13 浜松市と静岡市のシティプロモーションの比較」で比べているが、静岡市は「シティセールス基本方針」に則ったかたちで、より具体的な実施戦略として、中長期的な「静岡市観光戦略」を制定している。静岡市観光戦略は 10 年間で観光客を 300 万人増加させることを目標としたもので、シティセールス基本方針を大方針とした上での、その実施細則的な位置づけで、詳細な実施施策や数値化された目標など、より細かな内容が規定されている。一方の浜松市は、シティプロモーション推進方針として、単年度の実施戦略を毎年更新している。推進方針での目標は魅力度、認知度といった指標を用いており、従来の人数の数値目標と比べると、具体性に欠けている。また 2011 年度までは交流人口と定住人口の増加を目的としていたが、2012

年度からは交流人口のみに変更されており、2012年度までは具体的な施策が羅列される形であったが、2013年度からは施策が大幅に減っている。中長期的な目標と計画をベースに戦略展開を行う静岡市と、単年度の短期的な目標と計画を立てる浜松市とに分かれたわけではあるが、戦略としては短期・中長期ともにメリット・デメリットがある。中長期的な目標に関しては長期的なコミットや、ビジョンの明確化などがあり、短期的な戦略には戦略の柔軟性や機動性がある。だが基本的には中長期的な戦略をベースにそれを単年度の実施戦略で補うのが一般的なのではないだろうか。簡単にいえば、大きな戦略があり、実際に何をするかは戦略に基づいた戦術を立てるべきなのである。例えば浜松市の場合は、単年度の目標といいつつも、数年にわたって同様の方針が掲げられており、また「浜松ブランドとしての『出世の街 浜松』の確立」のような短期的には実現不可能なことが打ち立てられている状態であるので、それらは長期的なビジョンとして長期戦略の中で持つべきものであるといえる。2010年以降、両市は新しい戦略や方針に基づき、シティプロモーション施策を実施している。各市の詳細については先述したので割愛するとするが、その結果について簡単に考察をしていくこととする。

　民間企業のブランド総合研究所が地域ブランド調査を2006年から毎年実施しており、それぞれの地域に対して魅力度、認知度など16項目を調査している。浜松市のように独自の調査を実施しているパターンもあるものの、各自治体を横比較するためにはこのような共通の調査結果を指標として活用すべきだと考えている。静岡市と浜松市の魅力度を経年で比較したのが「表16　静岡市と浜松市の魅力度の推移」であるが、2010年時点では浜松市が静岡市を3ポイント近く上回っていたものの、静岡市が毎年順調にポイントを上げた結果、2013年にはほぼ同じ評価となっている。一方の浜松市は2011年度にポイントを一時的に上げているものの（2011年の一時的なアップは東日本大震災の影響があることも考えられる）、その前後を通じてほぼ変わらない状況であるといえる。

　この結果からいえることは、魅力度が安定的に推移している浜松市に対し

第4章　自治体における広報・広告活動の事例とその比較について

表16　静岡市と浜松市の魅力度の推移

	年度	2010	2011	2012	2013
静岡市	魅力度	16.4	16.5	17.9	19.4
	全国順位	119	134	110	85
浜松市	魅力度	19.2	24.3	19.6	19.5
	全国順位	79	55	91	83

出典：ブランド総合研究所「地域ブランド調査2013、2012、2011、2010」の結果を基に筆者作成

て、静岡市の魅力度が順調に上がり続け、追いついたともいえる。この結果を見ても、静岡市の外部広報活動は成功といえ、魅力度が下がっているわけではないので失敗とはいえないものの、浜松市は魅力度増加を図って外部広報活動を行ってきた結果であり、成功しているとは言い難い状態であることがみてとれる。この原因は静岡市が一貫して戦略に沿った観光広報活動を行っているのに対して、浜松市は年度計画の為、毎年方針が少しずつ変わってしまい、長期的なビジョンが描けていないことが主な原因ではないか。イベントひとつを実施するとしても単年度で成功をすることは難しく、数年にかけて長年実施することで定着することもある。とくにブランディングを考えるのであれば、長期的にどのようなブランドを持ちたいのかを考えるべきである。音楽はもちろんだが、食を追加し、スポーツを追加しと、売れそうなものを詰め込んだだけの幕の内弁当的な戦略は功を奏さない結果となったのではないのだろうか。逆に静岡市はSWOT分析を行うことで、自らの強みや弱みをしっかり認識し、外部環境を踏まえた上で、強みを強化し、弱みを補う戦略を実行したといえる。またターゲットとなる対象者やエリアをしっかり絞り、そのエリア、対象者に向けてプロモーションを実施した結果、毎年魅力度をしっかり上げることに成功したといえる。

第3節　住民向けシティセールス実施自治体
　　　～神奈川県川崎市を例に～

3-1　神奈川県川崎市のシティセールスの概要

　川崎市は、東京都と横浜市にはさまれた神奈川県の北東部に位置する7区の行政区を持つ政令指定都市である。1972年に全国で7番目の政令指定都市となり、人口は約145万人と全国8位の人口規模を誇っている。川崎市は2005年3月と早い時期にシティセールス戦略を制定している。川崎市のシティセールスは10年間を対象とする戦略プランと3年間を基本とする重点プランで構成されており、戦略プランの目標は「『個性と魅力が輝き、活力にあふれる都市の創造』」とし、「1.川崎の対外的な認知度やイメージの向上」、「2.市民による川崎の魅力の再発見、市民としての誇りや一体感の醸成」、「3.川崎らしさを活かした川崎ならではの魅力や活力の創出」の3つを目標として掲げている。目標1の「川崎の対外的な認知度やイメージの向上」は、「川崎の持つ様々な魅力について、対外的な認知度を高めるとともに、その魅力を川崎の良好なイメージ形成につなげる」としている。その実施方法として、「川崎が持つ様々な魅力を市内外に積極的に情報発信することで、川崎に対する認知度・関心の向上を図り、マイナス・イメージを払拭するよう取り組む」とし、「表17　川崎市の対外的な認知度やイメージの向上への目標」で示して

表17　川崎市の対外的な認知度やイメージの向上への目標

成果目標	現状	2005年度	2006年度	2007年度	2014年度
良良好な都市イメージの向上 まちのイメージをよいと思う人の割合の向上 （「よい」「ややよい」の合計）	26%	30%	33%	36%	50%

出典：川崎市『川崎市シティセールス戦略プラン（2005年）』

いるように、目標は川崎市のイメージ調査で「まちのイメージをよいと思う人の割合」を現状の26％から、段階的に引き上げ、2014年度には50％とする数値目標を立てている。

　また実際に行うアクションとしては、「積極的な情報発信」として、「多様なチャネルを活用した積極的な情報発信を行うことで、川崎が持つ地域資源の認知度向上、川崎に対するマイナス・イメージの払拭を図る」、「魅力要素に接しやすい条件整備」として「市外からの来訪者が川崎の地域資源に直接触れて、その魅力を実感する機会を増やすためのハード、ソフト両面の条件整備を図る」、「市外における川崎ファンの育成」として、「川崎に関する情報に接する機会や川崎を実際に訪れる体験を通じて、川崎に訪れたい、住みたい、ビジネスをしたいという意識を喚起し、川崎の都市活力の向上につなげる」としている。それらの「対象エリア」としては隣接する東京、横浜といった地域に加え、首都圏、全国、世界といった、より広いエリアに拡大しており、「主な対象者」ごとに戦略を考えている。中でも「川崎に対する先入観を持たない子どもや若者」には「白紙の状態から良好なイメージを持ってもらう」、「高度経済成長期の公害の時代を知っており、川崎に対する負の先入観を持つ中高年層」に対しては「川崎の変化と現在を知ってもらい、負のイメージを払拭する」、「ビジネスチャンスを求める人や企業等」に対しては、「川崎の交通利便性や産業集積の強みなどを知ってもらう」としている。目標2の「市民による川崎の魅力の再発見、市民としての誇りや一体感の醸成」は、「対外的な認知度やイメージ向上を合わせて、川崎市民が川崎の魅力を再発見することで、市民としての誇りや一体感の醸成につなげる」としている。その実施方法としては、「川崎市民自らが川崎の持つ様々な魅力を再発見し、地域に対する関心を高めることで、川崎市民の地域に対する積極的な関わり、さらに地域を良くしたいという前向きな意識を引き出し、川崎市民の川崎への愛着、定住意識、一体感を醸成するよう取り組む」とし、具体的なアクションとしては「川崎市民における川崎ファンの育成」として、「年間10万人規模の転入があり、常に新しい市民を抱える川崎市において、市民としての地域に対

する愛着や誇り、住み続けたいという意識の形成を図り、それによって自らの住む地域に誇りを持つ市民が増加し、地域課題の解決や地域文化の創造につなげていくこと」としている。また「シティセールスの推進とまちづくりとの連携」としては、「シティセールスの推進を通じて、川崎市民の地域に対する積極的な関わり、良好な環境形成への取り組みを促進するとともに、様々な市民の活動と一体となってイメージ向上につなげていく」として、その「対象エリア」を川崎市全市、「対象者」を「全市民」として「行政情報を的確に広報するのに加え、川崎の魅力や強みを情報発信し、誇りや愛着、一体感を醸成する」としている。とくに「毎年10万人規模の転入・転出者」には「とくに転入者に対して、市の魅力や地域資源等を積極的に情報提供し、川崎の魅力に気づいてもらう」としている。

　目標3の「川崎らしさを活かした川崎ならではの魅力や活力の創出」は「川崎の魅力や活力の創出に向けて、川崎が持っている様々な地域資源を積極的に活かしていくことで、川崎ならではの個性ある魅力づくりを進めるとし、実施方法として「川崎市内の多様な主体が連携し、川崎の持つ多様な地域資源を積極的に活用し、川崎ならではの個性ある魅力づくりを進めるとともに、その魅力を発信する」としている。具体的なアクションとして、「地域資源の活用、地域資源を新たな魅力につなげるための仕掛けの展開」として「川崎が持つ多様な地域資源を掘り起こし、それを川崎ならではの魅力づくりに積極的に活用するとともに、新たなイメージ形成に寄与するような魅力要素の創出を図る」、「オール川崎によるシティセールスの推進」は「行政だけでなく、市民、民間の事業者・団体といった、川崎市内の多様な主体が、相互に連携しながら地域の魅力要素を発掘し、認知度を高めていくようにシティセールスを推進する」としている。

3-2　神奈川県川崎市のシティセールス戦略

　川崎市のシティセールス戦略でとくに注目したいのが、2つ目の目標であ

る「2. 市民による川崎の魅力の再発見、市民としての誇りや一体感の醸成」である。他の自治体が外部からの人や企業の誘致を最大の目標にしているのに対して、川崎市は市民の満足度、充実度を高めることを重視しているようにみられる。川崎市も目標のひとつとして、「川崎の対外的な認知度やイメージの向上」を掲げているものの、2つ目の目標として「市民による川崎の魅力の再発見、市民としての誇りや一体感の醸成」を掲げており、また「対外的な認知度やイメージ向上に合わせて、川崎市民が川崎の魅力を再発見することで、市民としての誇りや一体感の醸成につなげる」としていることから、認知度やイメージの向上も市民の誇りの向上のためといえる。さらに3つ目の目標として「川崎らしさを活かした川崎ならではの魅力や活力の創出」を掲げているが、この目標も、実施内容などを見る限り、「川崎市民による川崎の魅力の発掘」などを中心に据えており、外部から人などを誘致するというよりも、川崎市民の満足度の向上や誇りの醸成を目的としているようにみえる。

　川崎市がこのように他市とは違う戦略を取るひとつの理由としては、川崎市の人口流入数の高さがあると考えられる。川崎市は東に東京、西に横浜と日本の2大都市に挟まれた市であり、それらの大都市への交通利便性の高さから、川崎都民とも呼ばれるように都内や横浜への在勤者が暮らすベッドタウンとなっており、年間平均10万人近い人口流入がある都市である。また近年では民間事業者によって武蔵小杉地区などの再開発も進められており、とくに外部向けの広報活動を積極的にしなくても流入数は保てるという特殊な要因がある都市でもある。しかし一方で、毎年平均10万人近い人口の流出もあり、プラスマイナスで考えれば、人口が増えているとは言い難い状況であった。そこで、シティセールスの目標にあった通り、川崎市のイメージの向上を図ることで、既存の住民や転入者の満足度や誇りを高め、転出者の数を減らし、結果として人口の増加を狙っていると考えられる。

　川崎市の戦略プランは、「これまでに形成されてきた川崎に対するマイナスイメージを払拭し、新たに良好なイメージを形成するとともに、市民の誇り

や一体感の醸成を図るためには、将来を見据えた継続的かつ計画的な取り組みが必要」とした上で、「社会環境が大きく変化する中、実効性をもったプランとするためにはあまり長期の目標期間の設定は妥当ではない」ことを挙げ、シティセールス戦略プランの計画期間を 10 年程度としている。またこの 10 年という計画期間は、川崎市の新総合計画の基本構想の計画期間とも合致した期間である。またシティセールスの推進にあたっては、市全体を取り巻く動向を見据えながら様々な施策を実施していく必要があり、それらを総花的に展開していてはその効果を十分発揮できない恐れがあることから、目標実現に向け効果的で、特に重点的に取り組むべき事項については、戦略プランの中で「重点戦略」と位置づけ、概ね 3 年の期間の中で集中的に取り組むものとされている。

3-3 住民を対象とした内部広報（インターナルコミュニケーション）活動

川崎市のシティセールス戦略の核となる「広報活動」については、「市外に対する情報発信のための媒体の活用」「市内に対する魅力や地域資源の積極的な情報発信」「市民、民間企業・団体等による川崎の魅力づくりやその情報発信」「人を呼び込むための仕掛けの展開」「まちづくりと連動したイメージアップのための取り組みの展開」の 5 つから構成されている。とくに川崎市は目的にも市民の満足度や誇りの向上を掲げているように、広報活動でも市民向けの活動が主要な位置を占めている。もちろん外部からの人の誘引として、「市外に対する情報発信のための媒体の活用」や「人を呼び込むための仕掛けの展開」などもあるものの、それと同じレベルで「市内に対する魅力や地域資源の積極的な情報発信」を行うとし、「これまで、川崎市の広報は行政情報の提供が中心でしたが、今後は、市民等に対して行政情報を的確に広報するのに加え、シティセールスの観点から、川崎の魅力などを積極的に情報発信し、市民による川崎の魅力の再発見、市民としての誇りや一体感の醸成につなげていく」としている。これは従来行政広報として行ってきた行政による

第4章　自治体における広報・広告活動の事例とその比較について

広報活動をシティセールスに取り込んだ上で、市民向けの広報活動を再度見直し、市民に対してただ行政情報を一方的に伝えるだけではなく、川崎市の魅力を感じ、川崎市に愛着や誇りを持ってもらうことを担う行政広報活動を行っていくことを宣言しているといえる。具体的なアクションとしては、「市の広報媒体等の内容の工夫・充実」を行うとし、アクションとしては「広報誌、市のホームページ等における市内の魅力に関する掲載情報の充実、市民が関心を持って見たくなるような表現の工夫」、「転入者に対する川崎の魅力等をまとめたリーフレット等の提供」、「川崎市が進めている様々なプロジェクト、研究会等の情報を市民が共有できるための仕組みづくり」の３つを掲げている。また２つ目として「民間企業・団体等と連携した市内の魅力情報の掘り起こしと情報提供」とし、「タウン誌、地域情報誌等、地域と密着した情報提供媒体との連携」を具体的なアクションとしている。また市民の愛着や誇りの醸成を担うものとして、「市民、民間企業・団体等による川崎の魅力づくりやその情報発信」を掲げており、市民向けの施策として「民間主体による魅力づくりや情報発信を促進する制度の発信」を掲げ、「市の認定制度の創設による、民間主体による地域の魅力づくりやイメージアップの取り組みに対する情報発信などの側面的な支援」を行うとしている。３つ目として「市民活動の支援の充実」として、「かわさき市民活動センターを拠点とした、ボランティアやＮＰＯなど、地域での市民活動に対する支援の充実」を図るとしている。また４つ目として「情報の出し手と受け手の双方向性コミュニケーション」として「地元の人が地元ならではの情報を発信し、外からの問い合わせに答えるような、民間による地域密着型のホームページの開設の働きかけ」を行うとしている。「まちづくりと連動したイメージアップのための取り組みの展開」でも、「市民が実践しているまちづくり活動と連携したイメージアップの取り組みの展開」として、「自然環境保全・子育て・高齢者福祉・文化芸術活動など多彩な市民活動を、メディア等を通じて積極的に情報発信」や、「都市基盤の整備事業や周辺対策事業に合わせたイメージアップのための取り組みとして、「川崎駅西口再開発事業等、今後計画されている都市基盤の整備事

業と連動した新たな魅力の空間づくり及び民間との連携による情報発信」「主要駅前の放置自転車対策・環境美化対策などとの連携」「環境美化キャンペーンなど様々な分野のイベントとの連携によるプロモーション活動の展開」など、市民向けの広報活動を重視している戦略であることが伺える。このように川崎市が市民を重視した「シティセールス」を行っていることもあり、担当部署は、「市民・こども局シティセールス・広報室」が担当しており、他市では広報担当とシティセールスの担当部署が分かれていることが多いのに対して、川崎市は一体になって進めていることが特徴的であるといえる。

　また川崎市では住民の満足度を上げることを主眼にしていることもあり、1975年度から毎年1回 市民1,500人を対象として「市民意識実態調査」を定点的に行っている。またシティセールスが始まった2006年度からは、より多くのテーマ、より多くの対象に調査するため、調査回数を年2回、各回3,000人の市民を対象にした調査に拡充し、名称を「かわさき市民アンケート」に変更して実施している。このアンケートでは、1975年度から継続的に行ってきた市民の定住状況、生活環境の評価、市政に対する評価と要望等に加えて、市民生活に関するいくつかのテーマなどについて、市民の生活意識や行政に対する意識を調査し、市政運営や政策立案の参考資料とすることを目的として実施されている。例えば、2008年に実施された「かわさき市民アンケート報告書」では、市の持つ広報媒体についての設問があり、その内容について市民からの声を聴いている。結果としては、市のメイン広報紙である「かわさき市政だより」は月2回発行されているが「両号とも読んでいる」は49.3%、「1日号のみ読んでいる」は10.1%、「21日号のみ読んでいる」は3.4%で、あわせた「読んでいる」は62.8%となっている。一方、「読んでいない」は33.0%となっている。性、年齢別で「読んでいる」は、男性では70歳以上が8割台前半で最も多く、20歳代が1割台後半で最も少なくなっている。女性では、60歳代が8割で最も多く、20歳代が3割台前半で最も少なくなっている。「かわさき市政だより」で読んでいる記事は、「催し、講座、イベント情報などのお知らせ掲示板」が73.1%で最も多くなっている。以下「区の

取組み、催し、講座、イベント情報など」（56.0%）、「市の取組みなどを紹介した特集」（55.4%）、「市の施策、報告など」（49.7%）である。「かわさき市政だより」を読んでいない理由は、「手もとに届かないから」が28.9%で最も多くなっている。以下「興味のある記事が掲載されていないから」（19.9%）、「他媒体（ホームページ、テレビ、ラジオなど）で情報を得ているため必要がないから」（3.5%）と続いている。また広報掲示板から情報を「得ている」人は21.0%、「得ていない」人は73.9%となっている。広報掲示板から情報を得ていない理由は、「川崎市広報掲示板自体を知らなかった」が45.5%で最も多くなっている。以下「他媒体（市政だより、ホームページ、テレビ、ラジオなど）で情報を得ているため必要がないから」（10.6%）、「興味のあるポスターが掲示されていないから」（8.0%）と続いている。川崎市ホームページを「見たことがある」人は30.0%、「見たことがない」は人61.7%となっている。川崎市ホームページの評価は、全体的に「普通」が最も多くなっている。「良い」は、いずれの項目でも1割前後となっている。一方、「悪い」は"目的の情報までのたどり着きやすさ"が2割台後半となっており、目的地までたどり着けないホームページであることが課題とされている。川崎市ホームページで今後充実させた方が良いと思う機能は、「検索機能（キーワードなどから目的の情報を探す機能）」が50.1%で最も多くなっている。以下「電子申請（申請書ダウンロード・業務案内など）」（42.5%）、「動画配信（映像や音声による情報）」（13.7%）、となっている。川崎市ホームページを見たことがない理由は、「ホームページを見る環境が身近にないから（パソコンがないなど）が33.7%で最も多くなっている。以下「他の媒体（市政だより、テレビ、ラジオ）などから情報を得ているから」（13.0%）、「見たい情報（内容）がないから」（8.3%）と続いている。

　川崎市の主な広報活動は、市民主権という基本理念に立ち、市民参加の市政を進めていくため、市民が主権者として必要な市政の情報を積極的に提供していくことを目的としている。そのために、市民と行政を結ぶ重要なパイプである広報紙をはじめ各媒体を活用しようとしており、アンケートもその一環として行われているといえる。現在川崎市が住民向けに行っている広報

活動としては、紙媒体としては、広報紙「かわさき市政だより」、市民グラフかわさき「ひろば」、市勢要覧「City of Kawasaki」、かわさき生活ガイド「市民便利帳」の4種が存在している。「かわさき市政だより」は毎月2回発行され、1日号は町内会、自治会などを通じて、21日号は日刊7紙(朝日、神奈川、産経、東京、日本経済、毎日、読売)の新聞折込みで配布をされているほか、区役所、行政サービスコーナー、図書館、市民館、市内の一部の駅、金融機関、スーパーなどでも配布が行われている。1日号と21日号で配布方法を変えているのは、より多くの市民に広報紙が届くようにという意思の表れであるといえる。また川崎市内の主要駅(JR川崎駅、JR武蔵小杉駅、JR武蔵溝ノ口駅、東急田園都市線鷺沼駅、JR登戸駅)に、平日早朝や土日に通勤や買い物のついでに立ち寄れる「図18川崎行政サービスコーナー」を設置し、住民票や印鑑証明などの取得サービスの他、広報紙の配布や職員による市政情報の提供なども行っている。市民グラフかわさき「ひろば」は、川崎の年代譜であり、各年の出来事や施策を特集する保存版的な雑誌で、市勢要覧「City of Kawasaki」は川崎の主要施策や地域の特色を写真でわかりやすく紹介する冊子で、各区役所のほか、情報プラザ、シティセールス・広報室などで配布されている。かわさき生活ガイド「市民便利帳」は、日常生活に役立つ行政情報や地域情報などをまとめた冊子で、市外からの転入者に配布されるとともに、各区役所のほか、図書館、スポーツセンターなどの公共施設などで無料配布されている。とくに川崎市に新たに移住してきた人向けに制作されていることもあり、よりカジュアルに読みやすくするため、2004年までは川崎市が発行していたが、シティセールスのはじまった2005年以降は、フリーペーパーなどを手掛ける民間企業であるサンケイリビング新聞社と提携をして発行[10]している。また市の発行する広報媒体だけではなく、民間の情報メディアも積極的に活用し、川崎市内の情報発信を図っている。東京ウォーカーなどでもお馴染みの

10　2009年度以降は川崎市市民・こども局シティセールス・広報室とサイネックス官民協働事業推進室による発行、2013年度以降はNTTタウンページとの合冊版として発行

第 4 章　自治体における広報・広告活動の事例とその比較について

　角川書店が 2012 年から発売している「ひと駅だけに密着し、地域の魅力を再発見する」雑誌「ひと駅ウォーカー」に川崎市が協力する形で発行を支援し、2014 年 5 月時点で発行されている「ひと駅 Walker」26 誌のうち 4 誌が、「川崎駅 Walker」など川崎市内の駅を中心とした「ひと駅ウォーカー」となっている。

　また放送メディアとして、2007 年 4 月よりテレビ神奈川で「LOVE かわさき」という広報番組を放送している。主に川崎市の広報活動を目的とした番組で、川崎の自然・文化・芸術などのトピックスや地域のイベントや郷土芸能や名産品など 川崎の情報を住民に届けている。ラジオ広報も 3 局で行われており、FM ヨコハマでは広報ラジオ「KAWASAKI Sparkling」を放送し、これは、スポーツ、音楽、イベントなどのさまざまな情報をピックアップして、キラキラ輝く川崎の魅力を伝えていくことを目的に、ラジオ日本では、「かわさきマッチングタイム」と題して、旬な話題やイベントを取り上げ、ゲストとのトークや現地リポートを伝えている。かわさき FM では「アクセスかわさき」、「セレクトかわさき」など 、行政情報をはじめ文化・芸術・スポーツなど、地域のさまざまな情報を発信している。さまざまなメディアを通じて行政情報を発信しているのは、広報紙だけでは情報が届かない層、とくに若年層に配慮しているものと考えられ、ラジオやテレビといった電波メディアを活用して、届けようという意識の表れともいえる。同様の取り組みとして、川崎市の交通の要である JR 川崎駅東口側に設置されている「図 19 川崎駅のアゼリアビジョン」や JR 川崎駅西口側（ラゾーナ川崎側）に設置されている大型ビジョンの川崎駅の「河川情報表示板」などでも、川崎市内の魅力を伝える情報や川崎市からのお知らせなどの広報情報を掲出することで、広報情報や市政情報を市民に周知している。またインターネットを活用した広報にも取り組んでおり、「市の公式ホームページ」はもちろん、「メールニュースかわさき」として、川崎市からの様々なお知らせを電子メールでお届けするサービスや、直近ではソーシャルメディアも積極的に活用しており、2012 年から「Twitter」で「川崎市の魅力情報」を発信し、2013 年には危機管理の一環として「川

崎市に関する緊急情報、地震・津波情報、気象情報等」を発信している。「公式ホームページ」については、前述した「かわさき市民アンケート」の「検索しづらい」「必要な情報が見つけにくい」といった声を踏まえ、すべての利用者にとって「使いやすく、探しやすく、常に新しく正確な情報が手に入る」ことを目的として、2012年10月15日に全面リニューアルを行っている。

図18　川崎行政サービスコーナー（JR川崎駅）

出典：筆者撮影

第4章　自治体における広報・広告活動の事例とその比較について

図19　川崎駅のアゼリアビジョン（「シティセールス・広報室が放映する『かわさきいいな』」と「川崎駅構内からの様子」）

出典：筆者撮影

3-4　神奈川県川崎市のシティセールスの効果

　川崎市が積極的に内部広報活動（市民向けの広報）に取り組んだ効果について考察をしたい。川崎市のシティセールスの目標のひとつであった川崎市のイメージの向上、また主な目的である「市民の満足度、誇りの向上」、さらにその結果として得られる居住意向度の向上や転出数の減少が指標として考え

られる。まず川崎市のイメージの向上について川崎市に確認をしたところ、市民・こども局 シティセールス・広報室 企画・シティセールス推進担当の方からメールにて「2013年度には54％になり、当初目標の50％を達成しております」との回答を得、シティセールスの数値目標であったイメージの向上については達成できたことが分かった。また川崎市が定点的に実施している「かわさき市民アンケート」の2013年の結果によると、「今のところにお住まいになって、何年になりますか」という居住年数に関する項目があり、その結果である「図20 居住年数」によるとシティセールス実施前の2004年度の長期居住者（20年以上）は31.7％であり、以降順調にその比率は増えており、直近の2013年度では35.1％と3.4ポイントの増加となっている。また短期居住者（3年未満）についても、2004年度は22.8％であったが、2013年度には15.3％と7.5ポイントの改善がされていることがみてとれる。また「かわさき市民アンケート」では「これからも今のところにお住まいになりたいですか」といった定住意向も調査しており、回答の「図21 定住意向」によると「これからも住んでいたい」という項目では2004年度は56.6％が定

図20　居住年数

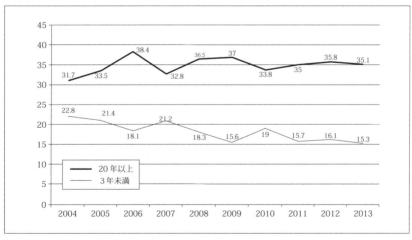

出典：川崎市『かわさき市民アンケート報告書（2013）』

図 21　定住意向

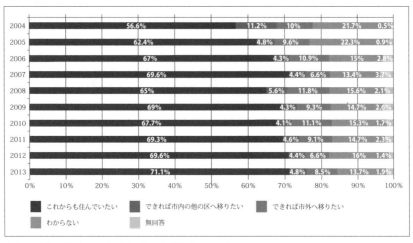

出典：川崎市『かわさき市民アンケート報告書（2013）』

住意向を示しているのに対して、2013 年度には 71.1％と 14.5 ポイントの改善がみられ、「できれば市外へ移りたい」という項目が、2004 年度の 10％から 2013 年度には 8.5％へと改善されている現状が分かる。これらのアンケート結果からは、川崎市がシティセールスを行った 8 年間で、市民の川崎市への定着意向が高まり、結果として長期在住者の比率が増え、短期在住者の数が減少している結果となり、シティセールスは効果があったといえる。

　定性的な面として、川崎市に住む住民の定住意向が高まり、実際に居住年数が増えていることは、「かわさき市民アンケート」の結果から分かった。続いて定量的な面として、川崎市の実際の人口の推移についてはどうだったかを確認することとする。「表 18　川崎市の人口推移」は各年度の「川崎市の人口動態統計表」をベースに筆者が作成した川崎市の転入・転出人口の年度別推移である。川崎市の人口推移を確認したところ、2000 年以降、一貫して 10 万規模の転入があることが分かる。転出数はというと、2000 年以降 2004 年までは一貫して、転入数とほぼ同じ 10 万人超の転出があったことが分かる。シティセールスをスタートさせた 2005 年以降は転出者数が 9 万

表18 川崎市の人口推移

年度	転入	転出	人口増減数
2000	108,528	104,163	4,365
2001	110,726	100,583	10,143
2002	108,200	100,933	7,267
2003	108,850	103,089	5,761
2004	107,174	101,362	5,812
5年間計	543,478	510,130	33,348
2005	107,188	97,914	9,274
2006	109,046	97,997	11,049
2007	119,097	97,889	21,208
2008	111,132	96,872	14,260
2009	109,157	97,795	11,362
5年間計	555,620	488,467	67,153
2010	103,058	98,056	5,002
2011	97,586	97,307	279
2012	100,042	96,085	3,957
2013	101,889	96,407	5,482

出典：川崎市「川崎市の人口動態（2014年）」を基に筆者作成

人台となっており、2013年には約96,000人と、2000年の約104,000人と比べ、約1万人ちかく転出者数が減ったことになる。またシティセールスをスタートさせる2004年から過去5年間と、2005年以降5年間を比較した場合に、人口の増減数は前者が約3万人に対して、後者が約6万人と2倍の増加率となっている。転入者数は5年比較で約1万人の差であるので、転出者を減らすことに積極的に取り組んだ結果、約3万人の人口増加を獲得したということになる。他市と同様に国勢調査の人口においても、2005年の人口が1,327,011人で、2010年の人口が1,425,512人と98,501人の人口増であった。表19は2010年時点の政令指定都市並びに東京都区部の国勢調査の結果を基に筆者がまとめた「主要20都市の人口増減」であるが、川崎市の人口増加率は7.4%で、主要

表19 主要20都市の人口増減

	川崎市	札幌市	仙台市	さいたま市	千葉市	東京都区部	横浜市	相模原市	新潟市	静岡市
2010年	1,425,512	1,913,545	1,045,986	1,222,434	961,749	8,945,695	3,688,773	717,544	811,901	716,197
2005年	1,327,011	1,880,863	1,025,098	1,176,314	924,319	8,489,653	3,579,628	701,630	813,847	723,323
増減率	7.4%	1.7%	2.0%	3.9%	4.0%	5.4%	3.0%	2.3%	-0.2%	-1.0%

	浜松市	名古屋市	京都市	大阪市	堺市	神戸市	岡山市	広島市	北九州市	福岡市
2010年	800,866	2,263,894	1,474,015	2,665,314	841,966	1,544,200	709,584	1,173,843	976,846	1,463,743
2005年	804,032	2,215,062	1,474,811	2,628,811	830,966	1,525,393	696,172	1,154,391	993,525	1,401,279
増減率	-0.4%	2.2%	-0.1%	1.4%	1.3%	1.2%	1.9%	1.7%	-1.7%	4.5%

出典：総務省統計局『2000年度（平成12年度）、2005年度（平成17年度）、2010年度（22年度）国勢調査』を基に筆者作成

20都市の中でもっとも多い人口増加を達成している。同一県内でより人口規模の大きい横浜市や、人口集積の進む東京都区部よりも増加率としては多い結果となった。比較した主要都市の中には外部向けの広報活動を積極的に行っていた自治体も多数あるなかで、内部向けの広報活動にしっかり取り組むことは、人口増加において外部広報活動に取り組むことよりも効果があるともいえる。川崎市においては定性的・定量的の両面より、シティセールスによって川崎市の目標は達成したといえる結果となった。

　川崎市の魅力を既存住民に知ってもらうことで、市民の満足度を高め、川崎市に住むことの誇りを高めるシティセールスに積極的に取り組んだ結果、川崎市の転出者数は減り、また定住意向も高まり、20年以上の長期居住者の割合が増えたことを考えれば、市民向けの川崎市のシティセールスは目的を達し、成功だったといえるのではないだろうか。

3-5　神奈川県川崎市のシティセールス活動の検証

　川崎市の市民向けの内部広報活動が成功した要因として考えられるのは、目的を「市民の満足度や誇りの向上」としっかりと定め、ターゲットを「在住民ならびに10万人強の新規転入者」と絞り、ターゲットとなる人々にリーチする内部広報活動を積極的に実施した結果といえるのではないだろうか。また今回の川崎市の事例は、先述した流山市や浜松市、静岡市などが観光広報などの外部広報活動を中心とした販売促進的な要素が強かった事例と比べ、市民を対象とした行政広報活動を強化した内部広報活動に積極的に取り組んだ事例のひとつといえる。つまり昨今の、シティプロモーションやシティセールスは外部からの誘引に視点が偏りがちではあるが、自治体によっては、今回の川崎市のように既存住民の満足度を高めることで、人口の増加につなげることが可能であるといえる。これはマーケティングの視点で考えた際はCustomer Relationship Management（顧客関係管理）の活用であり、その成功事例のひとつである。

第5章　今後の自治体の行政広報のあり方

第5章　今後の自治体の行政広報のあり方

第1節　自治体におけるプロモーション活動の成功要因

1-1　これまでの自治体のプロモーション活動の成果

　前章において、シティプロモーションやマーケティング活動などを数年間かけて実施している静岡県の浜松市や静岡市、千葉県流山市、神奈川県川崎市の事例を考察した。今回の各事例においては多くの自治体の目的として定住・交流人口の増加を目的としていたことから、各自治体の目的としていた人口獲得を基準に近隣や条件のちかい自治体との比較で評価している。5年間で11,343人の定住人口を増加させ、同市が所在する条件のちかい周辺自治体よりも高い7.4％の増加率を達成させた流山市や、5年間で約350万人の交流人口を増加させ、同一県内の政令指定都市よりも高い増加率15％を達成した静岡市、また市民を対象に市民の満足度を向上させ、流出人口を減らした結果、5年間で98,501人の人口を増加させ、全国の政令指定都市並びに東京区部よりも高い7.4％の人口増加に成功した川崎市などは、シティプロモーションやマーケティング活動に取り組んだ結果、一定の成果を上げることができたといえる。逆に浜松市は、目的としていた定住人口・交流人口ともに減少したという結果においては、失敗だったと言わざるを得ない。この成功と失敗の差はどこから生まれたのかを本章では考察する。

　今回、定住人口増加という目標を掲げた浜松市と流山市の外部広報の事例を比較した場合、両市が目標として掲げていた定住人口の増加という面で流山市は成功で浜松市は失敗であったといえる。結果の差異について、いくつかのポイントと特徴があると筆者は考える。まず最も大きいポイントのひとつが従来の公務員の枠組みの中で実施しようとしたか、その枠組みを外そうとしたかである。例えば浜松市が公務員を中心にシティプロモーションを実

施したのに対して、流山市はマーケティング課の課長などの主要職を含め、半数以上を民間から登用している。従来の公務員の枠組みの中で実施しようとした結果、浜松市は他市町村で行われたことの後追いや焼き直し的な施策が多くなってしまっていた。対して流山市は、これまで自治体では前例がないような、自治体の駅貼り広告など、新たな取り組みを数多く実施している。つまり他市が行わないような前例のない取り組みに果敢に挑戦した結果、多くのマスメディアや個人のソーシャルネットワーク（SNS）などで先進的な取組みや珍しい取組みとして取り上げられる事も多く、話題性などの面で相乗効果も含めてプラスの効果をもたらしていると考えられる。

1-2　自治体のプロモーションを成功に導く要素

　こうした新しい施策の企画・実施ができるかどうかについては、公務員という組織による仕事の仕方も少なからず影響していると考えられる。浜松市のように公務員の枠組みの中で実施した場合は、「遅れず、休まず、働かず」という揶揄した言い方にもあるように、公務員という組織上どうしても前例や慣習を大事にし、減点主義の中で実施する施策を考えてしまう。組織として、挑戦した際の失敗をプラスとして考えず、マイナスとして評価をするのであれば、どのような人間であれ、新しい事に対する挑戦はできなくなり、どうしても過去の成功事例の焼き直しなどになってしまうのではないのだろうか。また先述したように公務員組織では数年ごとの異動を繰り返すなど、ゼネラリストを育てる風土があることもあり、広報や宣伝のスペシャリストが育っていないことも新たなことに挑戦できない要因のひとつといえる。すべての企業であてはまるわけではないものの、民間企業であれば、他社でやらないこと、新しい取り組みを原動力に企業の成長につなげることを第一に考え、そこで働く人間もそれに順応しているといえる。これは組織としての考え方自体の問題である。そういった意味でも、流山市のように民間の実務経験者を外部から登用するということは、それまでの公務員の常識がないという点

でも、広報のスペシャリストとしての経験を活かしたという点においても大きな利点であったといえる。

　また2つ目としては、流山市がターゲットと目的を明確に定め、その目的に対して一丸となって進んでいったことが大きいと考える。流山市は子育て世代の夫婦だけをターゲットとし、流山市に定住してもらうことを目的としてすべての外部広報施策を考えているのである。「母になるなら、流山市」、「父になるなら、流山市」というキャッチコピーでクリエイティブを制作し、外部広報活動のメイン媒体を首都圏の鉄道の主要駅にすることで、鉄道の利用者、つまり首都圏に在勤しており、流山市から通勤が可能な人々にリーチできるようにしたのである。

　それに対して浜松市は定住人口を増やす、交流人口を増やすという2つの大きな目標を立てていたものの、ターゲット自体は明確ではなく、すべての層にどのように外部広報をすべきかの戦略が明確ではなかったのではないだろうか。ターゲットが明確ではないということは、逆に外部広報をされた側も自分ごとと捉えることができず、結果として受け入れられなかった可能性がある。一般の商品やサービスでも、女性限定や若者限定などと謳われると、その層への売れ行きは上がるといわれていることから、ターゲットの自分ごと化させることはひとつの有効な手法ともいえる。また浜松市は当初は定住人口や交流人口数の増加を狙っていたものの、その後の目標は認知度や魅力度などに変化をしてしまっている。認知などは重要なファクターのひとつであることは間違いないが、認知を得、その後にどのような行動を取ってほしいかという点まで、やはり踏み込む必要があったように思う。あくまで認知などは最終目標に対する中間指標的な位置づけであり、中間指標を得ることを目的化してはならないのである。結局のところ、浜松市は戦略や目標が途中で変わってしまったことで、中途半端な施策になってしまっているのではないだろうか。その代表例のひとつが、浜松市のマスコットキャラクターである「出世大名 家康くん」といえる。当初は浜松市への認知を高め、好感度を醸成するための広報キャラクターであったはずである。そしてその過程

のひとつとして、全国的な知名度がある「ゆるキャラグランプリ」で優勝するということで箔をつけるとともに、マスメディアなどに取り上げてもらうことでパブリシティを通じて浜松市の露出を図ることが目的であったと思うのだが、「出世大名 家康くん」を優勝させるための組織的な動きや宣伝活動に注力しており、当初中間目標であったはずの「ゆるキャラグランプリ優勝」が最終的な目標に変わってしまっているように思える。熊本県のくまモンもゆるキャラグランプリで優勝したからあれだけの認知を得たわけではなく、くまモンを売り込むために、それまで自治体がやってこなかった施策に懸命に取り組んだからこそ成功したのである。そこを優勝さえすれば、一躍有名になり、人気が出て人口が増えると思いこんでしまったように思う。また優勝させると市長が公言してしまったことも、何が何でも達成せねばという職員のモチベーションに変わってしまったきっかけかもしれない。例えば「図22 ゆるキャラに関する調査」は民間の調査会社であるクロス・マーケティングが2013年11月18日〜20日に男女1,500人を対象に実施した「ゆるキャラに関する調査」の認知度の調査結果であるが、くまモンは96.9%とほぼすべての人が知っているのに対して、2012年のゆるキャラグランプリで優勝を

図22 ゆるキャラに関する調査
Q. 知っているゆるキャラをすべてお知らせください

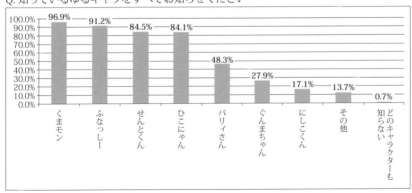

出典：株式会社クロス・マーケティング「ゆるキャラに関する調査（2013年）」

した今治市のイメージキャラクター「バリィさん」は48.3%と、優勝から1年を経過しても半数以下の認知しかない状況である。この結果から、ゆるキャラグランプリの優勝だけが、ゆるキャラの認知をつくるわけではないことが分かる。それは前段で述べた認知度や魅力度を上げることと同じ現象であるといえる。

1-3　自治体がプロモーション活動を実施する目的

　プロモーション活動を成功させた流山市にあって浜松市になかった重要なものは、最終的にはどのような街にしたいかというぶれない軸、目的だったのではないだろうか。どのような街にし、どのような人々に暮らしてほしいのか、その広報すべき肝をきちんと捉え、そして伝えることが重要なのである。

　子育てや学びが充実した街としての認知を得て、若い夫婦と子供が住みよい街をつくることを目的とした流山市は、保育園児「待機児童ゼロ」を掲げ、出勤前に駅前の送迎ステーションで子どもを預け、帰りに駅で引き取る「駅前送迎保育ステーション」など、共働き世代にとって便利なサービスや、義務教育9年間の一貫した教育を実現するため、地域で一体となった小中学校の連携や併設校の新設（2015年4月1日開校）など小中一貫教育の仕組みづくりを推進し、2012年4月からは市内の全中学校に英語ALT（中学校の外国語指導助手）やスーパーバイザー（小学校の外国語指導助手）を置くなど英語教育の充実を図るなど、若い子育て世代が望むものを提供し、それを上手に外部広報した結果といえる。

　また交流人口の増加を目的とした浜松市と静岡市の外部広報の事例を比較した場合、両市が目標として掲げていた交流人口の増加という面で、静岡市は成功で浜松市は失敗であったといえる。結果の差異について、いくつかのポイントと特徴がある。まず最も大きいポイントのひとつがターゲットの明確性である。静岡市も浜松市も同一県内の政令指定都市ということで、条件は似ているといえる。総務省の「地方財政状況調査関係資料（2012年3月31

日）」によると浜松市の歳入額は2,946億円、静岡市の歳入額は2,828億円であり、ほぼ同規模の財源水準であるといえる。そんな両市だが、静岡市が観光をメインとした交流人口の増加を目的としているのに対して、浜松市は交流人口と定住人口の両方を目的としている。つまり同規模の自治体で予算感が同規模であれば、資源を集中的に投下した方が効率的なのは明白である。とくに静岡市は首都圏や甲信越地方に住む女性やホビー好き、東アジア（韓国・中国）に住む若者とエリアとターゲットをかなり明確に絞っており、例えば誘客キャンペーンも首都圏のお台場地区（ガンダムがあるなど、ホビーやアニメなどに興味がある若者が多い地区）や韓国の仁川空港（富士山静岡空港からの直行便がある）で実施するなど、ターゲットやエリアをかなり意識して実施しているといえる。それに対して浜松市は、エリアやターゲットをかなり幅広くしているため、キャンペーンを実施する場合にかなり広範囲なキャンペーンを強いられる上に、優先エリアなどの順位付けもしづらいということが考えられる。また浜松市は当初プランでは、しっかり獲得目標（増加目標としての交流人口と定住人口）を明確にしていたにもかかわらず、当初の目標が未達成となってしまった以後は、抽象的な認知度のような指標に置き換えてしまっている。目的を達成するためには、まずは数値目標をきちんと立てることが必要だと考えており、その点においては静岡市の戦略よりも浜松市の戦略の方が当初は進んでいたといえる。だが浜松市は当初の数値目標を達成できなかった際に数値目標を変更し、かつかなり曖昧な定性的な目標としてしまっており、それがとても残念である。なぜならば数値目標は達成することも大切ではあるが、それ以上にその目標をベンチマークとして、PDCA[11]をしっかり回していくことがもっとも大切なことであると考えているからである。つまり達成できなかった際には、なぜ達成できなかったのか。その方法のどの考え方が間違っていたのかを検証し、そして再度チャレンジすることが大切なのであり、出来る目標や出来そうな目標に変えてしまっては意味がないのである。また

---

11 「Plan（計画）」「Do（実行）」「Check（評価）」「Act（改善）」の頭文字

簡単に目標を変更できるということは、そもそも目標の立て方自体に、あまり意味を持たせていなかったともいえる。なんのためにシティプロモーションを実施するかということになってしまうのではあるが、「人口減少を食い止めたい」、「歳入を増やしたい」、「観光人口を増やすことで、地元の商店街を強化したい」などの最終的な目的があり、そのためにはどうなればその状態が実現できるのかを考えて、目標を立てるべきである。浜松市には、その部分が抜けてしまっていたからこそ、目標を簡単に変更できたとともに、失敗についての原因分析ができず、同じことを繰り返してしまっているようにも思える。逆に静岡市の場合は、人口の減少と都市間競争の激化による危機意識からシティセールス事業をスタートさせているが、静岡市の試算によると全国的には公共事業を実施することがもっとも経済波及効果が大きいが、静岡市の場合は、「公共事業の推進」や「産業振興型イベント」よりも、「消費振興型イベント」を推進する方が、静岡市としての資源を有効に使え、かつ経済的な波及効果が大きいという試算を行った結果として、交流人口の増加に特化しており、そこをベースに考えている以上はこの目標の変更はできず、数値目標的にうまくいかない場合でも交流人口の増加を考えた別の施策を実施していたはずである。

1-4　プロモーション戦略の構築

浜松市と静岡市の戦略の相違点では、静岡市はシティセールス基本方針をベースにしながらも、静岡市観光戦略を立案しているが、その中で静岡市はSWOT分析を用いて、当該自治体の状況についての明確な分析を行っている。つまり自治体の強み、弱みをきちんと把握をしたうえで、その強みを活かすための施策を、弱みについても弱みを補うための施策を考えている。その上で外部要因も加味をしているが、これらの分析は目的が明確であったからこそできたものであるともいえる。なぜかと言えば、目的が明確化されない場合は、自治体のどの方向に対する強みと弱みを導き出すかがはっきりしない

からである。目的の明確化ができていた静岡市は、自治体自体の分析ができ、その結果、自らが進むべき観光の為の戦略を立案できているといえる。その戦略に則って進めた結果は前述したとおり、現在のところ上手く進展しているといえる。最終的な結果については、静岡市の立てている目標値に到達するかどうかではあるものの、目標に向かい、対外的な外部プロモーションを実施していることは高く評価できるといえるし、同じ公務員組織で浜松市と静岡市で差が生まれたのは、明確な目的意識の差と、その目的に向かう為のロードマップ（戦略の有無）の違いであったといえる。

　川崎市も同様のことがいえ、川崎市の目的は、毎年10万人規模での人口の流入があるものの、同規模で流出があることから、住民の満足度を高め、流出を防ぐことが課題であった。そのため従来から行ってきた「市民意識実態調査」を拡大し、「かわさき市民アンケート」として、まずは実直に市民の声を集めることを行ったのである。その中から出てきた課題をひとつずつ解決していったことが功を奏しているのではないだろうか。これは自治体における行政広報の基本ともいえる広聴に重きを置き、その基本に忠実に従った結果ともいえる。例えば、広報紙「かわさき市政だより」は20歳代では1割台後半しか読まれていない現状があり、広報掲示板から情報を「得ている」住民が2割しかいない現状、川崎市のホームページを「見たことがある」人は約3割という現状を踏まえ、紙媒体であれば、川崎市に転入してきたら最初に触れる広報媒体であるかわさき生活ガイド「市民便利帳」について、フリーペーパーなどを手掛ける民間企業と共同で制作することで、より若い人が読みやすい冊子に改定を行っている。また広報紙を読まない層が増えていることを踏まえ、紙媒体だけではなく、テレビ放送やラジオ放送などの放送媒体を用いるなど、多角的に情報発信を行っている。また川崎市の交通の起点であるJR川崎駅に設置されている「アゼリアビジョン」や「河川情報表示板」などを活用して、人々の生活導線上に情報を提供しており、人々の様々な生活導線上に広報情報を置く事で、どこかで川崎市の情報が得られるような状況をつくっているのである。他市が掲示板に情報を掲示して満足してい

る、もしくは掲示板を見に来ない住民が悪いといわんばかりの不遜な態度と比べ、広報情報や市政情報をなんとか市民に周知しようと努力しているといえる。企業の広報や宣伝でも同様のことがいえ、メッセージの発信側がターゲットとなる人に、情報を届けることが大切なのである。

　つまりターゲットの行動をしっかり考え、ターゲットとなった人々が意識をしなくても、自然とその情報に触れることが大切なのである。なぜならばそもそも広告はターゲットの人々が能動的に触れたい情報ではないからである。広告と自治体の情報は違うという反論もあるかもしれないが、先述した自治体広報の世論調査などからも分かるように、今の若い人にとって自治体の広報情報は能動的に触れたい情報ではないものであり、それは企業の広告と変わらないものともいえる。そうであれば、触れに来てくれるのを持つのではなく、触れさせる方法を考えるべきなのである。そういった意味では、マスメディアや駅の活用、また読みたくなるような人気のフリーペーパー風の広報媒体には大きな意味があったものと考えられる。また川崎市は、インターネットを活用した広報にも取り組んでおり、「メールニュースかわさき」や「Twitter」など、最新の情報メディアも活用している。結果として2000年以降2004年までは一貫して10万人超の転出があったが、2005年以降は転出者数が9万人台と減っており、シティセールス実施前の5年間と、実施後の5年間では増減数が約2倍となっている。また国勢調査の人口においても、2005年から2010年にかけて98,501人の人口増を図ることに成功しており、人口増加率は7.4％となり、この増加率はシティプロモーションに取り組んでいた他の政令指定都市はもちろん、同一県内でより人口規模の大きい横浜市や、人口集積の進む東京都区部よりも高い増加率となった。つまりこれらの結果より、ある程度の人口規模がある自治体においては、内部向けの広報活動にしっかり取り組むことは、人口増加において外部広報活動に取り組むことよりも効果があるともいえる。現在の自治体においては、外部からの人の誘引に精を出している自治体も多いが、この川崎市の事例のように、在住住民の流出を防ぐことも、大きな効果を生むことが分かる。

川崎市の取組みは目標としていた転出者数が減り、総人口が増え、また市民の定住意向も高まり、20年以上の長期居住者の割合が増えたことを考えれば、成功だったといえる。これは目的を「市民の満足度や誇りの向上」としっかりと定め、ターゲットを「在住民ならびに10万人強の新規転入者」と絞り、ターゲットとなる人々にリーチする内部広報を充実させた結果といえる。他の自治体が観光や外部広報にこだわっているのと対象的に、従前から行われている行政広報をきちんと行った内部広報の成功事例であるといえる。

第2節　自治体の統合型行政広報活動
　　　　　（シティコミュニケーション）への示唆

2-1　シティコミュニケーションの意義

　前節で述べたように、定住・交流人口の増加という視点で考えた際に、マーケティング視点で行われる外部・内部における行政広報活動は一定の成果をあげることができたといえる。それらの成功事例を取り入れようと、現在多くの自治体でシティセールスやシティプロモーションといった活動が活発に行われているのも事実である。しかしそこに住まう市民の反応や世論は賛成と反対に二分されているようにも感じる。それは外部広報などにかける費用が、本当に見合うものであるかの疑念があるからであろう。その費用を例えば別の社会福祉や子育て支援などに投じる方が有効だと考えているからかもしれない。しかし自治体の財政難などが続いた場合、いつかは自治体自身が破綻してしまうことも考えらえる。自治体が破綻してしまった場合は、公共サービスの低下や、公共料金の値上げなどが行われる恐れがある。例えばそこに家を買ってしまった住民の場合、すぐに引っ越すなどは難しく、サービスが縮小された財政再建中の厳しい自治体内での生活を余儀なくされてしまうのである。つまり多くの住民にとって、自治体とは一蓮托生の関係にあるともいえるのである。その自治体の縮小均衡を止め、拡大させていくためにも筆者は自治体の行政広報の拡大には大きな意味があるものだと感じているし、すべての自治体において実施すべき施策だと考えている。実際、これまでシティセールスやシティプロモーションなどを実施した自治体と実施していない自治体では、結果に大きな差異もみられることから、シティコミュニケーションを実施することで大きな効果が得られると考えている。ただしプ

ロモーション活動を実施したからといって、すべての自治体が成功しているわけではないことも先述したとおりである。また川崎市の事例のように、外部からの人の誘引だけではなく、従来から行われてきた内部向けの広報活動を充実させることでも、十分に成果が得られることが証明されている。しかし外部・内部広報活動に積極的に取り組んでも、これまで述べたように成功した自治体と、失敗した自治体に分かれてしまっているのが現実である。成功している自治体にあり、失敗している自治体に欠けていたもの、筆者はそれを自治体が未来に託すべき"未来への想い"だと考えている。

シティコミュニケーションを実施することの目的のひとつは当然に知名度などのアップによる人口増や観光客の増加、もしくは住民の満足度の向上による人口流出の減少であるが、それ以上に大切なことは、どのような自治体として存在したいか、今後どのような自治体になっていきたいかという"未来への想い"、つまり自治体自体のアイデンティティの明確化にあると思っている。現在国内には約1700の自治体が存在しているが、同じ自治体はふたつとない。しかし同じような自治体は多数存在してしまっているのが現状ではないだろうか。単純な都市間競争の武器としてではなく、自治体がどのような形で存在したいのか、また将来どのようになっていきたいのかを明確にするためのひとつの方法がシティコミュニケーションの推進であると考えている。多くの自治体で自治体の基本計画が立てられており、そこには自治体としてのビジョンや将来への想いが記されているはずである。だがその内容を実際に知っている住民や外部の人はどのぐらいの人数いるのであろうか。つまりどんなに崇高なビジョンを立てても、それを伝えなければ意味がないものであり、それをきちんと周知する手段が行政広報なのである。だからこそ、それらの"想い"をきちんと、行政広報という船に乗せ、住民やその他の関係者の元まで届ける必要があるのであり、それを担うのが行政広報の使命である。戦略はそのための羅針盤であるともいえる。羅針盤がくるっていては、船は正しい目的地に着けないのである。

コトラーも著書の中で、「組織レベルのマーケティング計画プログラムは、

他と何のかかわりもなく形作られるものではなく、組織の内外の現実に適合されなければならない。主たる内部の現実とは、組織の進むべき方向性の問題である［フィリップ コトラー , 2005：96］」と述べ、組織がマーケティングの計画を立てる上でもっとも大切なものとして、「方向性」であると述べている。またその方向性を明確化させる方法として、「計画の策定には組織による、現在または将来の環境における適切な使命（組織の基本的目的であり、達成すべきこと）、目的（組織が重要視する社会的影響度、市場占有率、成長、名声など、の主要変数）、目標（規模、時間、そして責務に関して明細化された組織の具体的なゴール）の決定が含まれる［フィリップ コトラー , 2005：96］」と述べている。これは営利企業だけにあてはまるものではなく、すべての企業、団体、組織においてもあてはまることであるともいえる。

　河井はシティプロモーションにおける成功要素として、「地域経営の視点」、「戦略の必要性」、「誘発力を基礎とした編集」、「マーケティングの発想」、「推進体制の確立」の5つを挙げている［河井孝仁 , 2011：17］。河井は「地域経営の視点」とは、「地域にとっての目標は、市民の幸福最大化である。市民自身が自らのために幸福の最大化を図っていることはいうまでもない。しかし、それだけでは幸福の最大化にとって課題が生まれる。ある市民の幸福最大化への営みが、他の市民の幸福最大化を阻害することが起こりえる。また市民個々の力では自らの幸福最大化が専門性や規模の面で困難な場合もある。そこで幸福最大化のための営為を依頼する人（プリンシパル）としての市民と、その依頼を受けて活動する代理人（エージェント）としての行政、NPO、企業が地域を成立させ的確な経営を果たす［河井孝仁 , 2011：17-18］」ことであり、「誘発力を基礎とした編集の誘発力」とは「シティプロモーションに必要な情報発信、魅力遡及という発する力を強化するためには、その前提として引きこむ力である誘発力が求められる。また個別に誘発力があっても、ただ羅列されている情報は、地域の内にも外へもアプローチする力に欠ける。そこで必要になることが情報を的確にデザインし、付加価値を与える力、編集力となる［河井孝仁 , 2011：37-40］」と述べている。また「推進体制の確立」は「行

政だけが担い手となるのではなく、地域の多様なエージェント（議会、行政、企業、NPOなど）およびプリンシパル（主権者）としての市民自身も担い手としてかかわることのできる仕組みが重要となる［河井孝仁, 2011：69］」としている。最後に「戦略の必要性」については2つの意味があるとし、「ひとつは地域のステークホルダーへの方向性の明示、そしてもう一つはシティプロモーションを的確に進めるための手順書の作成である［河井孝仁, 2011：24］」と述べている。河井の述べている「方向性の明示」がコトラーの指す「使命」であり、筆者の示している"未来への想い"とほぼ同義であるといえる。

2-2　シティコミュニケーションを成功に導くために

筆者はシティコミュニケーションを成功させるためにもっとも大切な要素は、自治体自身が将来どうなりたいのか、だと考えている。つまり定住人口を増やしたいのか、それとも現在暮らしている人々を豊かにするために企業誘致や観光客の誘客を図りたいのかなど、自治体自身の"想い"である。まずはその"想い"を明確にすることがもっとも大切であり、それがその自治体のビジョンとなるはずである。そのビジョンを達成するために必要なのが自治体の"統合型行政広報（シティコミュニケーション）戦略"であり、そこには現在の自治体の現状を踏まえた分析を行った上で、必要不可欠な戦略的な数値目標を立てるべきである。前章で述べた自治体の例でもわかるように、ビジョンと目的、そして戦略がしっかりと立てられている自治体は成功し、その部分が曖昧であった自治体は失敗しているのが現実なのである。戦略を立てる際の目標は大きな目標が好ましく、例えば定住人口何万人増や交流人口何万人増などのように立てるべきである。その数値目標を達成するために必要なのが自治体の"統合型行政広報（シティコミュニケーション）戦術"であり、この戦術が個別のアクションとなるのである。例えば認知度何％アップや、イベントでの何万人集客などの個別の数値目標はこの段階で立てることが好ましいといえる。また後述するが"戦略"や"戦術"を策定する過程には、マー

ケティングの視点を加えることを忘れてはいけない。自治体のシティコミュニケーションにおいては、"未来への想い"を中心に、その"想い"を達成するための大枠、そして最終的な目的への道標が"戦略"であり、その戦略を実行する個別の施策が"戦術"であるといえる。もちろん戦術は複数あることが好ましく、一本槍ではだめだとも考えられる。この3つをまとめたものが、自治体のシティコミュニケーションの柱となるべきものなのである。

　また想いを実現するために必要なものとして、以下の2つを挙げる。ひとつは"専門組織と人員"である。シティコミュニケーションを推進するためには、機動性や知識の集約を考えると専門の組織が好ましく、また行政広報に関連する機能はこの組織に一本化するべきである。またこの組織には、公務員ではない広報もしくは広告などの経験者がある程度の裁量権を持つポジションにいると、より好ましいと考えている。これからの自治体のシティコミュニケーションを実施する上では、従来の既成概念にとらわれない思考や実行力が必要であり、公務員である以上、その縛りを知らず知らずのうちに受けてしまうからである。また決定権者が公務員の場合には、同様に新たな意見がすぐに実行されない恐れがあることから、ある程度の裁量権を持つポジションには民間人などの公務員外の人間がつく事が好ましいと考えている。

　2つ目は"マーケティングの視点"である。自治体、または自治体で働く公務員はどうしても従来からの慣例や前例を意識しがちである。慣例や前例はこれまでの先人たちの痕跡であり、同じ失敗を繰り返さないという意味では大切なものであるのは間違いない。しかし時代は変化をしており、現在のマーケットに応じた対応が必要なのである。マーケティングの視点とは換言すれば、顧客中心的な考え方であり、マーケットをしっかりと捉える視点ともいえる。また失敗を繰り返しながらも進化をさせていく活動ともいえる。前述した戦略や戦術に関しても、マーケティングの視点で戦略や戦術を構築し、そして実行していくことが必要なのである。つまり自治体自身が自治体の現状を認識し、長所や短所を理解した上で、住民を顧客と考え、そしてマーケティングの視点で経営を行い、戦略を考え、推進していくことは、自治体の未来

像を決め、そのためのロードマップとなるはずであり、まずは未来に向かうためのロードマップを策定し、その道を一歩一歩歩んでいくことが大切なのである。

　行政広報においても、これまでの自治体が行ってきた行政広報は住民向けの広報であったし、現在の自治体を支えているのは現在の住民であることは間違いない。だからこそ、既存の住民をおざなりにすることは許されないが、それと同じ力を注いで外の人々もみていく必要があるのである。つまり現在の自治体の現状や、自治体のおかれているマーケットをしっかりと捉えることが大切なのである。しかしだからといって、外だけを見ていることにも問題があると考えている。自治体を発展させるためには、周辺自治体との連携はもちろん、外から新たな住民たる人や自治体の発展に欠かせない企業や商業施設などの誘致、観光客などを誘客する必要があるのは確かではあるが、現在暮らしている住民にもきちんと向き合う必要があるのである。現在住んでいる住民は何かのきっかけがあって、現在住んでいるわけであり、これまで一緒に街を創ってきた仲間であり、顧客でもある。外から新たな顧客を迎

図23　統合型行政広報活動(シティコミュニケーション)の概念図

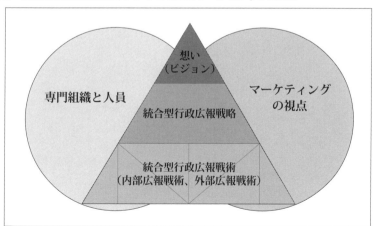

出典：筆者作成

第 5 章　今後の自治体の行政広報のあり方

えることも大切だが、現在の顧客の満足度を高めることで長く住んでもらうことも大切なのである。新たな顧客を獲得する費用と既存の顧客を維持する費用では、既存顧客の維持の方がコスト的には安いのが一般的である。つまり外と内、その両面をマーケティングの視点でしっかり見つめることが、これからの自治体には求められるのである。その"想い"を核とした自治体におけるシティコミュニケーションの概念をまとめたのが「図 23 統合型行政広報活動（シティコミュニケーション）の概念図」である。

結びにかえて

　本書では自治体における行政広報の発展形である、自治体の統合型行政広報（シティコミュニケーション）について述べた。戦後、GHQ の指導で始まった自治体の行政広報の歴史。それは日本の広報の歴史であったといっても過言ではない。その後、自治体は自分たちの自治体に住む住民に情報を伝える役割を、そして住民の声を聞くために、手探りの中で広報・広聴政策を進めてきたのである。
　その結果として広報紙や広報映画など、自治体が住民に伝えるために創意工夫をしたさまざまな広報物が制作されてきた。それはマスメディアの伝達力が貧弱な中で、どのようにしたら自分たちの"想い"を住民に伝えることができるのか、その"想い"があったからこそである。その後、時代は進み 70 年代の住民運動を経て、情報公開、行政への住民の参加といった内部向けの政策広報に発展した。80 年代、90 年代に入ると、観光ブーム、バブルも手伝い、多くの自治体が観光広報などに力を入れ始めた。先駆的な自治体は、ゆるキャラを生み出して、観光広報の大使として担ぎ出し、そのキャラクターが注目をされると、全国各地で同じようなキャラクターが山のように誕生をしたのである。それらの外部広報活動が"シティセールス活動"や"シティプロモーション活動"として、各自治体で広がり、一部のそれらの活動は内部広報も取り込んだものの、多くの自治体では住民向けの一般広報とそれ以外の個別広報に分かれてしまっている状況である。筆者はそれらのふたつをシティコミュニケーションという概念でひとつにすることで、自治体の行政広報活動はより発展的なものになると考えている。でも"どこかの自治体で始

結びにかえて

めたからうちの自治体も同じことをする"ようでは、それは統合型行政広報(シティコミュニケーション)とは呼べないと筆者は思っている。

　自治体によるシティコミュニケーション活動が、自治体にとって大きな意味を持ち、そして自治体にとってプラスになることは先述したとおりである。しかしこれらは単純にゼロサムゲームの都市間競争を促すものだとは思っていない。逆に多くの自治体が同じようなゆるキャラを創り、同じような行政広報活動を推し進めることこそが、自治体間競争を促進し、そして住民や観光客の奪い合いになってしまうことにつながると考えている。それが過度に進めば、その競争下で勝つ自治体と、負ける自治体が出てきて、最終的には勝った自治体が負けた自治体を併合していくようなことも考えられる。本来自治体には十人十色の魅力があるべきだと思っている。同時に自治体によって、人が欲しい、観光客が欲しい、企業が欲しいなど、必要な目的も異なれば、自治体によって持っている資源もさまざまである。歴史的な観光資源がある、豊かな自然がある、駅が近い、都市圏が近い、山や森がある、農地があるなど、その状況はさまざまである。自治体の能力と魅力をしっかり考え、そして足りないものを補うのか、強いモノをより強くするのか、単純に人口を増やしたいと思っても、若い人が欲しいのか、家族が欲しいのか、子供が欲しいのか、年配者が欲しいのか、自治体によってばらばらなはずである。つまり自治体ごとに個性を出すことで、ゼロサムゲームではなく、共存共栄、自治体ごとの特徴を出すことが可能となるのである。自治体自身の現状を確認し、現状を理解した上で、自治体自体が住民を一顧客と考え、そしてマーケティングの視点で自治体経営を行い、戦略を考えていくことは自治体自体の未来像を決め、そしてそのためのロードマップとなるはずである。結果はどうであれ、ロードマップを策定し、その道を歩むことが大切なのである。

　逆に現在の自治体におけるシティプロモーションブームは危険だと感じている。このままでは一過性のブームとなり、そしてバブルのように消えてしまうことが考えられる。またひとつの成功例を神のように崇め、そしてそれをまねしていくだけの戦略は人々には受け入れられず、逆に都市間競争を煽

る結果となり、自らの首を絞めてしまうことに他ならないのである。現在の自治体のゆるキャラブームと、そのゆるキャラに対する自治体の想い入れを見る限り、私の考えはほぼ間違いないと思っている。今一度、自治体の首長や職員においては、自分たちの街の魅力を、そして進むべき道をしっかり考えるべきだと私は考えている。住民もしかりで、そのようなことをしっかりと考えられるリーダーを選ぶべきなのである。自治体が自ら理想とする自治体像を描き、その理想に向かって進んでいくことが大切であり、マーケティングの考え方や戦略は、必ずその為の試金石となるはずである。そしてシティコミュニケーションの施策自体は、その戦略を遂行していくための強いひとつの武器になることはこれまで述べたとおりである。まずは"想い(ビジョン)"を創り、その"想い"を実現するための道筋をしっかり考える。そしてきちんと数字を持ってその道筋を進み始め、その結果を評価し、再度チャレンジすることが本当に大切なことなのである。このまま何も考えずにブームのようにシティプロモーションやシティコミュニケーションを行っても、価値がないと思われた瞬間潮の満ち引きのように消えてしまうだろう。そうではなく、きちんと"想い"をつむぎ、戦略的なシティコミュニケーションを実施することは未来に、そして未来に生きる人々につながるはずである。そんな未来を、各自治体に築いていただきたく、将来を生きるひとりの若者としてその一石となればとおもい、本書を結びたい。

参考文献一覧

淡路富男 (2009)『自治体マーケティング戦略』学陽書房
井熊均 (2003)「ホームページ運営に何を期待するか」『月刊自治研』自治研中央推進委員会 第 45 巻 530 号 53-58 頁
井出嘉憲 (1961)「行政広報への一つの接近 - 機構から見た問題点 -1-」『自治研究』第一法規 第 37 号 4 巻 49-62 頁
井出嘉憲 (1961)「行政広報への一つの接近 - 機構から見た問題点 -2-」『自治研究』第一法規 第 37 号 5 巻 77-88 頁
井出嘉憲 (1967)『行政広報論』勁草書房
井出嘉憲 (1967)「地方自治体の広報活動」『新聞学評論』日本マス・コミュニケーション学会 16 巻 7-19 頁
井之上喬 (2006)『パブリック・リレーションズ』日本評論社
猪狩誠也（2007）『広報・パブリックリレーションズ入門』宣伝会議
猪狩誠也 (2011)『日本の広報・PR100 年』同友会
おおさか市町村職員研修研究センター (2013)『平成 24 年度研究会「自治体広報のあり方研究会」報告書』公益財団法人大阪府市町村振興協会
河井孝仁 (2011)『シティプロモーション』東京法令出版
北村倫夫 (2008)「都市・地域間競争の時代における自治体広報戦略」『都市問題研究』都市問題研究会 第 60 巻 9 号　15-34 頁
フィリップ コトラー , アラン .R. アンドリーセン (著)、井関利明 (訳) (2005)『非営利組織のマーケティング戦略［第 6 版］』第一法規 (Philip R. Kotler and Alan R Andreasen (2003) Strategic marketing for nonprofit organizations.6th ed : PrenticeHall)
フィリップ・コトラー , ケビン・レーン・ケラー (著)、恩藏直人 (監)、月谷真紀 (訳) (2008)『コトラー＆ケラーのマーケティング・マネジメント 基本編』ピアソン・エデュケーション (Philip R Kotler and Kevin Lane Keller (2006) A framework for marketing management.3rd ed : Prentice Hall)
フィリップ・コトラー (著)、恩藏直人 (監)、大川修二 (訳) (2003)『コトラーのマーケティング・コンセプト』東洋経済新報社 (Philip R Kotle (2003) Marketing insights from a to z : Wiley)
フィリップ・コトラー , ナンシー . リー (著)、スカイライトコンサルティング (訳) (2007)

『社会が変わるマーケティング - 民間企業の知恵を公共サービスに活かす -』英治出版 (Philip R. Kotler and Nancy R. Lee (2006) Marketing in the public sector : FT Press)
フィリップ・コトラー , ヘルマワン . カルタジャヤ , イワン . セティアワン (著)、恩藏直人・藤井清美 (訳) (2010)『コトラーのマーケティング 3.0』朝日新聞出版 (Philip R Kotler, Hermawan Kartajaya and Iwan Setiawan (2010) Marketing 3.0 : Wiley)
小林太三郎 (1969)『現代広告入門』ダイヤモンド社
小山栄三 (1971)『行政広報概説』広報出版研究所
小山栄三 (1975)『行政広報入門』ぎょうせい
小山栄三・小林興三次・浪江虎・雨森和雄・井出嘉憲・松田慶文 (著) (1961)「広報行政の実際と問題点 (座談会)-1-」『自治研究』第一法規 第 37 号 4 巻 82-100 頁
近藤隆雄 (2010)『サービス・マーケティング【第 2 版】』生産性出版
近藤隆雄 (1999)『サービス・マーケティング - サービス商品の開発と顧客価値の創造 -』生産性出版
近藤隆雄 (2007)『サービスマネジメント入門 (第三版)- ものづくりから価値づくりの視点へ -』生産性出版
白石洋子 (2005)「歴史にみる行政パブリック・リレーションズ概念の形成」『政策科学』立命館大学 13-1 69-82 頁
進藤敦丸 (1999)『観光行政と政策』名現社
高木鉦作 (1961)「地方自治体広報と地区住民組織（上）」『自治研究』第一法規 第 37 号 4 巻 35-48 頁
玉村雅敏 (2005)『行政マーケティングの時代 - 生活者起点の公共経営デザイン -』第一法規
辻清明 (1962)「都市の広報活動 (1)」『都市問題』東京市政調査会 53 巻第 8 号 34-48 頁
辻清明 (1962)「都市の広報活動 (2)」『都市問題』東京市政調査会 53 巻第 9 号 69-87 頁
辻清明 (1962)「都市の広報活動 (3)」『都市問題第』東京市政調査会 53 巻第 12 号 54-71 頁
土橋幸男 (1999)『自治体のイメージアップ戦略 - 自治体広報への提言 -』ぎょうせい
ピーター・F・ドラッカー (著)、上田惇生 (訳)『マネジメント - 基本と原則 -』ダイヤモンド社 (Peter F. Drucker (1974) Management: Tasks, Responsibilities, Practices Harper & Row; Highlighting edition)
中尾清 (2008)『自治体の観光政策と地域活性化』イマジン出版
那須幸雄 (2009)「AMA によるマーケティングの新定義（2007 年）についての一考察」『文教大学国際学部紀要』文教大学 第 19 巻 2 号 93-99 頁

参考文献一覧

日本都市センター (2013)『都市自治体の広報分野における課題と専門性 -478 市区のアンケート調査結果を通じて -』日本都市センター
林奈生子 (2013)『自治体職員の「専門性」概念 - 可視化による能力開発への展開 -』公人の友社
廣瀬克也 (2003)「自治体ホームページを検証する」『月刊自治研』自治研中央推進委員会 45 (530) 26-34 頁
本田弘 (1997)『行政広報』サンワコーポレーション
松崎太亮 (1996)「インターネットにおける行政広報」『大学図書館研究』49 号 23-29 頁
松田慶文 (1961)「行政広報はどうあるべきか - 特に自治体広報の問題点について -」『自治研究第』第一法規 37 号 4 巻 63-81 頁
三浦恵次 (1979)『地方の時代における都市と PR- アメリカでの調査体験をふまえて -』現代ジャーナリズム出版会
三浦恵次 (1972)『現代行政広報の社会学』福村出版
三浦恵次 (1974)「行政広報とオンブズマン制度 - 現代行政広報・広聴活動の問題点 -」『都市問題』東京市政調査会 65 号 12 巻 37-48 頁
三浦恵次 (1982)『情報公開と自治体広報』現代ジャーナリズム出版会
三浦恵次 (1986)『地方自治体の広報活動』総合労働研究所
水越康介・藤田健 (2013)『新しい公共・非営利のマーケティング - 関係性にもとづくマネジメント -』碩学舎
宮田穰 (2007)「行政広報における新たな課題」『相模女子大学紀要』相模原女子大学 A, 人文・社会系 71 145-152 頁
宮田穰 (2009)「行政広報の未来」『相模女子大学紀要』相模原女子大学 C. 社会系 .73 33-46 頁
武藤博己・今村都南雄・沼田良・佐藤克廣 (2009)『ホーンブック 基礎行政学』北樹出版
武藤博己 (2014)『公共サービス改革の本質 - 比較の視点から -』敬文堂
武藤博己 (2004)『自治体改革 (2) 自治体経営改革 -』ぎょうせい
盛山正仁 (2011)『観光政策と観光立国推進基本法』ぎょうせい
クリストファー .H. ラブロック , チャールズ .B. ウェインバーグ (著)、渡辺好章、梅沢昌太郎 (訳)『公共・非営利のマーケティング』白桃書房 (Christopher H. Lovelock and Charles B. Weinberg (1989) Public & nonprofit marketing. 2nd ed : Scientific Press Inc)
渡辺好章 (2000)「公共・非営利組織のマーケティング」『城西大学経済学紀要』1 巻 18 号 41-63 頁

あとがき

　本書は筆者の法政大学大学院公共政策研究科での研究成果である博士論文「自治体における行政広報活動についての研究〜マーケティング視点による統合型行政広報 (シティコミュニケーション) への深化〜」が基となっている。筆者が本分野に興味を持ったのは、筆者が広報や宣伝業務に携わる中で、自治体の広報が遅れているのではないかと感じた点にある。実際に調べてみると、遅れていると言わざるをえないのではないかとも感じている。しかしすべての自治体が遅れているわけではないし、民間企業よりも進んでいるような広報活動を行っている自治体があることもまた事実であった。また民間企業とは違い、税金で行っているからこそ担わなければならない自治体固有の業務もあり、そういう意味でも民間と単純に比較できないとも感じている。

　しかし筆者がおもうところは変わらず、自治体の首長や職員には自治体の未来像を思い描き、強い想いを持って欲しいと考えている。これは自治体も、民間企業も同じだと思うが、どういう自治体になりたいのか、それがもっとも大切だと感じている。想いを持つことはその自治体の特色を持つことだと考えている。そうすればその自治体の特色に共感をした住民や企業が集まるはずだからである。逆に特色を持たない自治体が生き残るのは厳しいのではないだろうか。自治体の首長や職員には早くそのことに気づいて欲しいと思い本書を出版したと言っても過言ではない。言われなくてもわかっているという反論もあるかもしれない。しかしだとすれば、現在のように多くの自治体で同じようなゆるキャラをつくり、同じようなプロモーション活動を実施しないはずである。現状を見れば、こういう自治体になりたいと強い想いを

あとがき

持っている自治体は少ないと筆者は考えている。

　本書を執筆するにあたっては多くの方々にご指導・ご協力をいただいた。とくに筆者の博士後期課程在学中の指導教授であった法政大学大学院の武藤博己教授。武藤教授には公務員でもなく、行政学や公共政策学を学んだことのなかった筆者に、行政学や公共政策学の基礎から教えていただいた。また武藤教授の丁寧な指導のおかげで、研究者の心構えを知ることができ、本書の基となる博士論文を無事に書き上げることができたと思っている。また政策過程研究会（法政大学大学院武藤ゼミの名称）の皆さまには公務員ではない筆者に、公務員の世界や現状を教えていただいた。また法政大学大学院の名和田是彦教授、杉崎和久教授には博士論文の審査過程において、様々な視点からご指導やご指摘をいただいた。また筆者が経営学的な視点を持つことができたのは、修士時代の指導教授である元明治大学大学院グローバル・ビジネス研究科の近藤隆雄教授のおかげである。

　本書を出版するにあたっては、本書の出版を快く引き受けていただいた公人の友社の武内英晴社長にも厚く御礼を申し上げたい。本書を書き上げるにあたっては、多くの友人、そして家族にも協力いただいた。筆者初の著書である本書に関わっていただいた多くの皆さまにこの場を借りて、御礼を申し上げたい。

[著者紹介]

鈴木 勇紀（すずき・ゆうき）

博士（公共政策学）（法政大学）。
静岡県磐田市出身。
大学卒業後、外資系企業で広報やマーケティングなどの業務に従事した後、国内大手金融機関にて、マーケティング（広告・宣伝）を担当。
2009 年 3 月 明治大学専門職大学院 グローバル・ビジネス研究科にて、マーケティングを専攻して MBA（経営管理修士（専門職））取得。
2015 年 3 月 法政大学大学院 公共政策研究科博士後期課程にて「自治体の行政広報」を研究して修了。

自治体広報はプロモーションの時代から コミュニケーションの時代へ

―マーケティングの視点が自治体の行政広報を変える―

2015 年 12 月 13 日　初版発行

　著　者　　鈴木　勇紀
　発行人　　武内　英晴
　発行所　　公人の友社
　　　　　　〒112-0002　東京都文京区小石川 5-26-8
　　　　　　TEL 03－3811－5701
　　　　　　FAX 03－3811－5795
　　　　　　E メール info@koujinnotomo.com
　　　　　　http://koujinnotomo.com/
　印刷所　　倉敷印刷株式会社

ISBN978-4-87555-677-0